Curso

SE05

*La diferencia entre aprobar
y sacar plaza*

Ujier

AF212413

PARLAMENTO DE NAVARRA

Accede a tu **Curso MAD360** y disfruta de los siguientes recursos:

- Técnicas de Memoria 360.
- MADTEST: Test nivel PRO.
- Temario en formato digital.
- Planificación de estudio.
- Foro entre opositores hasta la fecha del examen.*
- Recursos y novedades exclusivas.
- Consulta sobre la oposición y el proceso selectivo.
- Actualizaciones legislativas (Boletines Oficiales) hasta 60 días antes de la fecha del examen.*

Para acceder al Curso MAD360** será necesaria la compra de todos los libros para esta especialidad de la edición 2024.

Valida los códigos que encuentras en la última página de tus libros y disfruta de la experiencia MAD360.

Infórmate en: mad.es/registro-campus

NOTA IMPORTANTE:

* Examen de esta categoría profesional correspondiente a la convocatoria publicada en el BON n.º 83, de 23 de abril de 2024, o hasta el 30 de junio del 2025, lo que se cumpla antes.

** El acceso al CURSO MAD360 estará disponible desde junio de 2024 (algunos recursos podrían estar disponibles en fecha posterior). Tendrá una duración de 365 días, desde la validación de códigos, o hasta el 31 de diciembre del 2025, lo que se cumpla antes.

MAD se reserva el derecho a ampliar dichas fechas.

Ujier del Parlamento de Navarra

Mayo, 2024

Ujier del Parlamento de Navarra

Test del temario

ÁLVAR MUÑOZ LABIANO
Licenciado en Derecho

JOSÉ ANTONIO GUERRERO ARROYO
Cuerpo Superior de Letrados

FRANCISCO JESÚS TORRES FONSECA
Licenciado en Derecho

© 7 Editores Recursos para la Cualificación Profesional y el Empleo, S.L. (7 Editores)
© Los autores
Primera edición, mayo 2024 (172 páginas)
Derechos de edición reservados a favor de 7 Editores
IMPRESO EN ESPAÑA
Diseño Portada: 7 Editores
Edita: 7 Editores
Avda. San Francisco Javier, 9 · Edificio Sevilla 2 · Planta 11 · Módulos 25-27 · 41018 Sevilla
Teléfono: 954 784 411 · WEB: www.mad.es · e-mail: administracion@7editores.com
ISBN: 978-84-142-8239-7
© "Editorial Mad" y "Eduforma" son nombres comerciales registrados de
7 Editores Recursos para la Cualificación Profesional y el Empleo, S.L.

Índice

TEST N.º 1

La Constitución Española de 1978, en concreto los siguientes apartados: Título Preliminar. Título I: De los derechos y deberes fundamentales. Título III: De las Cortes Generales. Título IV: Del Gobierno y de la Administración. Título V. De las relaciones entre el Gobierno y las Cortes Generales

1. ¿En qué se fundamenta la Constitución Española?

a) En un Estado social y democrático de Derecho.
b) En la indisoluble unidad de la Nación española.
c) En la independencia de los poderes del Estado.
d) En la organización territorial del Estado.

2. Según el artículo 3 de la CE, el castellano es la lengua oficial del Estado y todos los españoles:

a) Tienen el deber de usar y el derecho de conocer el castellano.
b) Tienen el derecho y el deber de conocer el castellano.
c) Tienen el deber de conocer y el derecho de usar el castellano.
d) Tienen el derecho de conocer y usar el castellano.

3. La Constitución Española reconoce y garantiza el derecho a la autonomía:

a) De las nacionalidades que la integran.
b) De las regiones que la integran.
c) De las Comunidades Autónomas que la integran.
d) De las nacionalidades y regiones que la integran.

4. El Preámbulo de la Constitución:

a) Tiene en sí carácter de norma jurídica.
b) Es una declaración de intenciones, destinada a interpretar lo que se quiere alcanzar con el contenido normativo de la Constitución.
c) Se trata de un texto sin fuerza jurídica de obligar.
d) Las respuestas b) y c) son correctas.

5. Señala la respuesta correcta, respecto de la aprobación, ratificación y publicación de la Constitución Española:

a) Aprobada por las Cortes el 31 de octubre de 1978, ratificada por el pueblo en referéndum el 6 de diciembre de 1978 y publicada el 29 de diciembre de 1978.
b) Aprobada por las Cortes el 30 de octubre de 1978, ratificada por el pueblo en referéndum el 16 de diciembre de 1978 y publicada el 27 de diciembre de 1978.
c) Aprobada por las Cortes el 31 de octubre de 1978, ratificada por el pueblo en referéndum el 16 de diciembre de 1978 y publicada el 29 de diciembre de 1978.
d) Aprobada por las Cortes el 10 de octubre de 1978, ratificada por el pueblo en referéndum el 26 de diciembre de 1978 y publicada el 30 de diciembre de 1978.

6. ¿En qué parte de la Carta Magna se establece la exposición de motivos que impulsan la norma constitucional y los objetivos que con ella se pretenden alcanzar?

a) En el Título Preliminar.
b) En el Preámbulo.
c) En el Título I.
d) En el Título II.

7. La Constitución Española fue sancionada por:

a) El Rey.
b) El Presidente del Congreso.
c) Las Cortes Generales.
d) El Presidente del Gobierno.

8. ¿Cuáles de los siguientes españoles de origen pueden ser privados de su nacionalidad?

a) Exclusivamente los miembros de grupos terroristas.
b) Los miembros de grupos terroristas y los que atenten contra el Rey u otro miembro de la Casa Real.
c) Los que atenten contra un miembro de la Familia Real o del Gobierno de la Nación.
d) Ningún español de origen podrá ser privado de su nacionalidad.

9. Según la CE son fundamentos del orden político y la paz social:

a) La dignidad de la persona, los derechos violables que les son inherentes y el respeto a la ley.
b) La dignidad de la persona, el desarrollo limitado de la personalidad y el respeto a la ley.
c) El respeto a la ley, a los reglamentos administrativos y demás disposiciones legales.
d) La dignidad de la persona, los derechos inviolables que le son inherentes, el libre desarrollo de su personalidad, el respeto a la ley y a los derechos de los demás.

10. ¿Cuál de los siguientes es considerado por la CE como uno de los valores superiores del ordenamiento jurídico?

a) La jerarquía normativa.
b) El pluralismo político.
c) La publicidad normativa.
d) La equidad.

11. La forma política del Estado español es:

a) Democracia parlamentaria.
b) Gobierno parlamentario.
c) Monarquía parlamentaria.
d) República democrática.

12. La parte de la CE que regula la estructura de los principales órganos del Estado recibe el nombre de:

a) Parte dogmática.
b) Parte orgánica.
c) Parte estatal.
d) Parte estructural.

13. Según la CE, la soberanía nacional:

a) Corresponde a las Cortes Generales, al estar compuestas por los representantes del pueblo.
b) Corresponde al Rey.
c) Reside en el pueblo español.
d) Corresponde al Gobierno de la Nación elegido directamente por el pueblo.

14. ¿En qué parte de la Carta Magna se señalan los valores superiores del ordenamiento jurídico?

a) En el Preámbulo.
b) En el Título Preliminar.
c) En el Título I.
d) Ninguna respuesta es correcta.

15. ¿Cuál de las siguientes es una de las características de nuestra Constitución de 1978?

a) Consensuada.
b) Corta.
c) Conservadora.
d) Originalidad.

16. Son el fundamento del orden político y de la paz social:

a) El libre desarrollo de la personalidad.
b) Los derechos inviolables que les son inherentes.
c) El respeto a la ley y a los derechos de los demás.
d) Todas las respuestas son correctas.

17. ¿Qué quedará excluido de extradición?

a) Los delitos criminales.
b) Los delitos políticos.
c) Los actos de terrorismo.
d) Ninguno.

18. ¿Qué debe ser democrático, a tenor de lo dispuesto en la Constitución Española, en los sindicatos de trabajadores y las asociaciones empresariales?

a) Su funcionamiento.
b) Su estructura interna.
c) Su funcionamiento y estructura interna.
d) Sus órganos asamblearios.

19. ¿De cuántos Capítulos consta el Título I de la CE de 1978?

a) De tres.
b) De cinco.
c) De dos.
d) De cuatro.

20. El principio en virtud del cual un Reglamento no puede contradecir una ley es el de:

a) Legalidad.
b) Jerarquía normativa.
c) Las respuestas a) y b) son correctas.
d) Seguridad jurídica.

21. Según la Constitución, una norma que imponga una nueva pena más leve para un delito:

a) No se aplica retroactivamente.
b) Puede aplicarse retroactivamente.
c) Ha de ser reglamentaria.
d) Atenta contra el principio de legalidad penal si se aplica retroactivamente.

22. Todos los españoles, respecto al castellano, tienen el:

a) Derecho-deber de conocerlo.
b) Derecho de usar y deber de conocerlo.
c) Derecho-deber de usarlo.
d) Nada de lo anterior.

23. La capital del Estado en España es:

a) La propia de cada Comunidad Autónoma.
b) La villa de Madrid.
c) Aquella donde se establezca en cada momento el Gobierno de la Nación.
d) Aquella en la que resida generalmente el Rey.

24. El Título de la Constitución que trata de la reforma constitucional es el:

a) Primero.
b) Décimo.
c) Noveno.
d) Undécimo.

25. Los principios rectores de la política social y económica se regulan en el siguiente Capítulo y Título de la Constitución:

a) Segundo del Primero.
b) Tercero del Primero.
c) Tercero del Preliminar.
d) Primero del Séptimo.

26. La justicia, según nuestra Constitución, es un/una:

a) Principio de nuestro ordenamiento jurídico.
b) Valor superior del anterior.
c) Manifestación del Estado democrático.
d) Todo lo anterior.

27. Un español de origen puede perder esta nacionalidad:

a) Por sanción administrativa.
b) Cuando libremente renuncie a la misma.
c) Por condena penal.
d) En ningún caso.

28. Constituye el fundamento del orden público y de la paz social, según la Constitución, el/la/los:

a) Derechos inviolables inherentes a la persona.
b) Estado social y democrático de Derecho.
c) Seguridad jurídica.
d) Justicia.

29. Las Comunidades Autónomas deben usar o instalar la bandera española:

a) En sus edificios.
b) En los actos oficiales.
c) Cuando lo solicite el Delegado del Gobierno de la Nación en las mismas.
d) Cuando lo estimen oportuno.

30. Deben tener una estructura interna y un funcionamiento democrático los/las:

a) Partidos Políticos.
b) Colegios Profesionales.
c) Organizaciones Profesionales.
d) Todos ellos.

31. La defensa de la integridad territorial de España se atribuye por la Constitución a/al/a las:

a) Fuerzas y Cuerpos de Seguridad.
b) Fuerzas Armadas.
c) Gobierno de la Nación.
d) Todas las anteriores.

32. El Título de la Constitución que trata de las relaciones entre el Gobierno y las Cortes Generales es el:

a) Cuarto.
b) Quinto.
c) Sexto.
d) Tercero.

33. La Constitución entró en vigor:

a) Al día siguiente de su publicación en el Boletín Oficial del Estado.
b) El 27 de diciembre de 1978.
c) El 29 de diciembre de 1978.
d) Al ser aprobada en la sesión conjunta por el Congreso de los Diputados y el Senado.

34. ¿En qué fecha aprobaron las Cortes Generales la Constitución Española?

a) El 31 de octubre de 1978.
b) El 6 de diciembre de 1978.
c) El 27 de diciembre de 1978.
d) El 29 de diciembre de 1978.

35. ¿Cuál de las siguientes no es una característica de la Carta Magna?

a) Su rigidez.
b) El establecimiento, como forma política del Estado, de la monarquía hereditaria.
c) Su codificación en un solo texto.
d) Su extensión.

36. ¿De cuántos artículos consta la Constitución Española de 1978?

a) De 154.
b) De 163.
c) De 169.
d) De 171.

37. ¿Cuál de los siguientes no es uno de los valores superiores de nuestro ordenamiento jurídico?

a) El pluralismo político.
b) La solidaridad.
c) La libertad.
d) La igualdad.

38. A tenor del artículo 11 de la Constitución, los españoles de origen podrán ser privados de su nacionalidad:

a) Cuando así lo determinen las leyes.
b) Cuando entren al servicio de las armas de un país extranjero.
c) Cuando así lo apruebe el Consejo de Ministros.
d) En ningún caso un español de origen podrá ser privado de su nacionalidad.

39. Las Cortes Generales, ¿en qué Título de nuestra Constitución se recogen?

a) En el Título II.
b) En el Título III.
c) En el Título IV.
d) En el Título VI.

40. Según la Disposición Final de nuestra Constitución, esta entrará en vigor:

a) Al día siguiente de su publicación en el Boletín Oficial del Estado.
b) A los veinte días de la publicación de su texto oficial en el Boletín Oficial del Estado.
c) El mismo día de la publicación de su texto oficial en el Boletín Oficial del Estado.
d) Al año de la publicación de su texto oficial en el Boletín Oficial del Estado.

41. El derecho a la propiedad en nuestra Constitución es un Derecho:

a) Inherente a la condición humana.
b) Absoluto.
c) Que está limitado por la función social de la misma.
d) Ninguna de las respuestas anteriores es correcta.

42. Dispone la Carta Magna que todos contribuirán al sostenimiento de los gastos públicos de acuerdo con su capacidad económica mediante un sistema tributario justo inspirado en los principios de:

a) Legalidad y equidad.
b) Igualdad y progresividad.
c) Publicidad y legalidad.
d) Eficacia y sostenibilidad.

43. En virtud del principio de progresividad tributaria:

a) Se implantarán paulatinamente cada vez mayores tributos.
b) Los tipos impositivos serán regresivos.
c) Prima el principio de igualdad en el pago de los tributos.
d) Nada de lo expuesto es cierto.

44. Según la Constitución, el Estado es:

a) Apolítico.
b) Aconfesional.
c) De bienestar social.
d) Federal.

45. El derecho a la vida se consagra en el siguiente artículo de la Constitución:

a) 10.
b) 16.
c) 15.
d) 24.

46. La pena de muerte en España:

a) Ha quedado abolida.
b) Puede aplicarse en cualquier momento.
c) Solo se aplicará, en tiempo de guerra, a los militares.
d) Rige solo en el ámbito civil.

47. La inmediata puesta a disposición judicial derivada del *habeas corpus*, se produce por:

a) Detención ilegal.
b) Prisión ilegal.
c) Prisión preventiva.
d) Detención preventiva.

48. El proceso en el que se enjuicie a un presunto delincuente debe:

a) Ser sumario.
b) No dilatarse.
c) Entorpecer los instrumentos probatorios.
d) Nada de lo anterior es cierto.

49. La entrada en un domicilio en caso de flagrante delito, sin autorización de su titular:

a) Puede dar lugar a la aplicación del habeas corpus.
b) Requiere autorización previa de la autoridad judicial.
c) Puede efectuarse en todo momento.
d) No puede realizarse en momento alguno.

50. Cuando, al conocerse la comisión de un delito por una persona, se acude a su domicilio para detenerla:

a) Está obligada a franquear la entrada.
b) Se necesitará autorización judicial para entrar, si no da su consentimiento para ello.
c) Pese a que no dé su consentimiento, se puede entrar.
d) Nada de lo anterior es correcto.

51. La autorización previa para celebrar una manifestación pública:

a) La da el Subdelegado del Gobierno en la Provincia.
b) Es ineludible.
c) Sería inconstitucional.
d) Se da cuando no se prevean alteraciones al orden público, con peligro para personas o bienes.

52. El tipo de sufragio que consagra la Constitución es el:

a) Proporcional.
b) Universal.
c) Censitario.
d) Las respuestas a) y b) son correctas.

53. Además de la no autoinculpación, la Constitución prevé que no se está obligado a declarar sobre un hecho presuntamente delictivo en caso de:

a) Parentesco y afinidad.
b) Cláusula de conciencia.
c) Secreto profesional.
d) Las respuestas a) y b) son correctas.

54. Los Tribunales de Honor están prohibidos respecto de los/la/las:

a) Sindicatos y Organizaciones Profesionales.
b) Administración Civil y Militar.
c) Organizaciones Profesionales y la Administración Civil.
d) Todas las respuestas anteriores son correctas.

55. ¿En qué artículos de nuestra CE se recogen los derechos fundamentales y de las libertades públicas?

a) En los artículos 10 a 43.
b) En los artículos 25 a 38.
c) En los artículos 31 a 45.
d) En los artículos 15 a 29.

56. La fundación de una Internacional Sindical por un sindicato español:

a) Es libre.
b) Está prohibida.
c) Debe plasmarse en un Tratado Internacional.
d) Nada de lo anterior es cierto.

57. El ejercicio del derecho de petición a través de una manifestación ciudadana:

a) No se admite.
b) Se admite en algún caso.
c) Se admite, salvo para los militares.
d) Ni se admite ni se prohíbe.

58. Nuestro sistema tributario ha de ser:

a) Regresivo e igualitario.
b) Progresivo y generalizado.
c) Confiscatorio.
d) Justo y regresivo.

59. Las Fundaciones son:

a) Entidades constituidas para fines de interés general.
b) Administración Corporativa.
c) Entidades privadas con fines de carácter también privado.
d) Asociaciones de personas para conseguir fines de interés general.

60. La asistencia de todo orden a los hijos habidos extraconyugalmente:

a) No está prevista en la Constitución.
b) Es un deber de los padres.
c) Se dispensará por Instituciones de Beneficencia.
d) Se dispensa solo a los que de ellos tengan discapacidad.

61. La especulación urbanística, según la Constitución:

a) Debe evitarse.
b) Está permitida.
c) Genera plusvalías para la colectividad.
d) Pueden hacerla los poderes públicos.

62. No es susceptible de recurso de amparo el derecho a la/de:

a) Sindicación.
b) Investigación científica.
c) Secreto de las comunicaciones.
d) Lo son todos ellos.

63. No es susceptible de recurso de amparo el derecho de:

a) Libertad de cátedra.
b) Negociación colectiva.
c) Manifestación.
d) Huelga.

64. Es susceptible de recurso de amparo el derecho a la/de:

a) Libre sindicación.
b) Petición.
c) Cláusula de conciencia.
d) Lo están todos ellos.

65. Una vez declarado el estado de excepción no se puede suspender el derecho/ libertad de:

a) Huelga.
b) Enseñanza.
c) Adopción de medidas de conflicto colectivo.
d) Libertad de circulación.

66. Durante el estado de excepción, un detenido conserva el derecho de/a:

a) Setenta y dos horas para ser puesto a disposición judicial.
b) Secreto de comunicaciones.
c) Asistencia de Letrado.
d) Ninguno de ellos.

67. Se puede suspender, con motivo de investigaciones relativas a bandas armadas, el derecho de:

a) Huelga.
b) Inviolabilidad del domicilio.
c) Libertad de circulación.
d) Las respuestas b) y c) son correctas.

68. Nuestra Constitución trata de los derechos y deberes fundamentales de los españoles en su Título I, denominado:

a) De los derechos y deberes fundamentales.
b) De los deberes de los españoles.
c) De los derechos de los españoles.
d) De los derechos y deberes principales de los españoles.

69. Señala la respuesta correcta:

a) El Congreso de los Diputados es la Cámara de representación territorial.
b) Las poblaciones de Ceuta y Melilla elegirán cada una de ellas un Senador.
c) Son electores y elegibles todos los españoles que estén en pleno uso de sus derechos políticos.
d) El art. 68 de la Carta Magna dispone que el Congreso se compone de un mínimo de 350 y un máximo de 400 Diputados.

70. El número mínimo de Diputados previstos para el Congreso de los Diputados es de:

a) 250.
b) 300.

c) 400.
d) 350.

71. No es incompatible para ser elegido Diputado del Congreso de los Diputados un:

a) Militar en activo.
b) Miembro de una Junta Electoral.
c) Juez.
d) Ministro.

72. La Palma elige los siguientes Senadores:

a) Ninguno.
b) Dos.
c) Uno.
d) Cuatro.

73. La declaración del estado de sitio debe hacerla el/las:

a) Gobierno de la Nación.
b) Rey.
c) Congreso de los Diputados.
d) Presidente del Gobierno de la Nación.

74. El Presidente de la Diputación Permanente del Congreso de los Diputados es el:

a) Del partido mayoritario.
b) Portavoz del partido con mayor número de escaños.
c) Presidente de la Cámara.
d) Elegido por los Portavoces de los Grupos Parlamentarios.

75. El mínimo de miembros integrantes de una Comisión de Investigación según el artículo 76 de la Constitución es de:

a) Veintiuno.
b) Mayoría simple.
c) Mayoría absoluta.
d) No se establece.

76. No puede solicitar la celebración de una sesión extraordinaria de las Cortes Generales el/la:

a) Mayoría absoluta de sus miembros.
b) Diputación Permanente de ellas.

c) Mesa de cada Cámara.

d) Gobierno de la Nación.

77. El primer período de sesiones de las Cámaras concluye, según la Constitución:

a) Al finalizar su mandato.

b) En enero.

c) En diciembre.

d) En junio.

78. No puede delegarse en una Comisión Legislativa Permanente la posibilidad de aprobar una Ley:

a) Tributaria.

b) De funcionarios públicos.

c) Orgánica.

d) Las respuestas a) y c) son correctas.

79. ¿De qué plazo dispone el Rey para sancionar las leyes aprobadas por las Cortes Generales?

a) Lo más rápido posible, con un máximo de 48 horas.

b) Un semana.

c) Quince días.

d) Un mes.

80. ¿Por cuántos Diputados estarán representadas las poblaciones de Ceuta y Melilla?

a) Cada una de ellas por un Diputado.

b) Cada una de ellas por dos Diputados.

c) Ceuta por dos y Melilla por uno.

d) Melilla por dos Diputados y Ceuta por uno solo.

81. Señala la respuesta incorrecta respecto al Senado:

a) Las poblaciones de Ceuta y Melilla elegirán cada una de ellas dos Senadores.

b) En cada Provincia se elegirán cuatro Senadores por sufragio universal, libre, igual, directo y secreto por los votantes de cada una de ellas.

c) El Senado es la Cámara de representación territorial.

d) Las Comunidades Autónomas designarán, además, un Senador y otro más por cada medio millón de habitantes de su respectivo territorio.

82. La declaración del estado de alarma lo es por el/las:

a) Cortes Generales.

b) Gobierno de la Nación, por quince días.

c) Congreso de los Diputados, por treinta días.

d) Gobierno de la Nación, por treinta días prorrogables por el Congreso de los Diputados.

83. Para los supuestos de graves alteraciones de orden público está previsto declarar el estado de:

a) Excepción.

b) Sitio.

c) Alarma.

d) Ninguno de ellos.

84. La declaración del estado de sitio se realiza por el/las:

a) Congreso de los Diputados por mayoría absoluta.

b) Gobierno de la Nación, previa autorización del Congreso de los Diputados.

c) Cortes Generales.

d) Senado por mayoría simple, a propuesta del Gobierno de la Nación.

85. Las Cámaras pueden recibir peticiones:

a) Individuales y colectivas, siempre por escrito.

b) Individuales y colectivas, excepcionalmente por escrito.

c) Solo individuales pero siempre por escrito.

d) Solo colectivas, pero nunca por escrito.

86. En caso de que prospere una moción de censura contra el Gobierno:

a) Cesará al mes de la propuesta.

b) Cesará a los diez días de la propuesta.

c) Cesa únicamente el Presidente del Gobierno.

d) Ninguna es correcta.

87. Para poder ser admitida una moción de censura, la misma deberá ser propuesta, al menos, por:

a) Dos grupos parlamentarios.

b) 35 Diputados.

c) Tres quintos de la Cámara.

d) Un 15%

88. Indica la opción correcta, respecto de la moción de censura:

a) La moción de censura no podrá ser votada hasta que transcurran cinco días desde su presentación.

b) En los dos primeros días de dicho plazo no podrán presentarse mociones alternativas.

c) Si la moción de censura no fuere aprobada por el Congreso, sus signatarios podrán presentar otra durante el mismo período de sesiones.

d) Todas son correctas.

89. La cuestión de confianza es planteada por:

a) Al menos la décima parte de los Diputados.

b) La mayoría de los Diputados.

c) El Presidente del Gobierno.

d) Ninguna es correcta.

90. La confianza del Congreso se entiende otorgada al Presidente del Gobierno por:

a) Mayoría simple.

b) Mayoría absoluta.

c) Mayoría de los 3/5.

d) Mayoría de 2/3.

91. El Gobierno responde de su gestión política:

a) Solidariamente ante las Cortes Generales.

b) Solidariamente ante el Senado.

c) Solidariamente ante el Congreso.

d) Ninguna es correcta.

92. La responsabilidad política del Gobierno le es exigida por el Congreso mediante:

a) La moción de censura.

b) La cuestión de confianza.

c) Interpelaciones.

d) Cualquiera de ellas.

93. Entre las facultades del Presidente del Gobierno se encuentra:

a) La disolución de las Cortes Generales.

b) La propuesta de disolución de las Cortes.

c) La disolución del Consejo General del Poder Judicial.

d) Sancionar las leyes.

94. La responsabilidad del Gobierno ante el Congreso es de carácter:

a) Personal.

b) Individual.

c) Solidario.
d) Subsidiario.

95. ¿Los miembros del Gobierno pueden hablar en las Cámaras?

a) Nunca.
b) Siempre que lo deseen.
c) Sólo si son parlamentarios.
d) Sí, a propuesta del Presidente del Congreso.

96. ¿Toda interpelación al Gobierno podrá dar lugar a una moción?

a) Sí.
b) No, nunca.
c) Sólo en asuntos exteriores.
d) Ninguna es correcta.

97. ¿Quién nombra y separa a los miembros del Gobierno?

a) El Presidente del Congreso de los Diputados.
b) El Rey.
c) El Presidente del Gobierno.
d) El Rey, previa autorización del Presidente del Congreso.

98. ¿Qué plazo establece la Constitución entre una primera votación y una segunda para elegir candidato a Presidente del Gobierno?

a) 24 horas.
b) 48 horas.
c) 72 horas.
d) No estabelece ningún plazo.

99. En la segunda votación para elegir candidato a Presidente del Gobierno, ¿qué mayoría se necesita?

a) Absoluta.
b) Cualificada.
c) Simple.
d) 3/5.

100. En la primera votación para elegir candidato a Presidente del Gobierno, ¿qué mayoría se necesita?

a) Absoluta.
b) Cualificada.

c) Simple.
d) 2/3.

101. El acceso de los ciudadanos a los archivos y registros administrativos se regulará por ley:

a) En todos los casos.
b) En todos los casos salvo lo establecido por la Ley Orgánica que regula el Código Penal, 10/1995.
c) Salvo en lo que afecte a la seguridad y defensa del Estado, la averiguación de los delitos y la intimidad de las personas.
d) En ningún caso.

102. ¿Qué establece el artículo 103 de la Constitución Española?

a) El acceso de los ciudadanos a los archivos y registros administrativos.
b) La autonomía de las distintas Administraciones Públicas.
c) Los principios bajo los que actúa la Administración Pública.
d) Valores superiores de la Administración.

103. ¿A quién le corresponde ejercer la potestad reglamentaria de acuerdo con la Constitución y las leyes?

a) Al Congreso de los Diputados.
b) Al Senado.
c) Al Gobierno.
d) Al Presidente del Gobierno exclusivamente.

104. Declarado el estado de alarma:

a) Se dará cuenta al Consejo de Ministros, sin cuya autorización no podrá ser prorrogado el plazo inicial.
b) Se dará cuenta al Rey, sin cuya autorización no podrá ser prorrogado el plazo inicial de duración.
c) Se dará cuenta al Congreso de los Diputados, sin cuya autorización no podrá ser prorrogado dicho plazo.
d) Se dará cuenta al Congreso de los Diputados, siendo improrrogable el plazo inicialmente marcado para la duración del estado de alarma.

105. La moción de censura no podrá ser votada hasta que, desde su presentación, hayan transcurrido:

a) Cinco días.
b) Siete días.
c) Diez días.
d) Treinta días.

106. El ámbito territorial, duración y condiciones del estado de sitio serán determinados por:

a) Las Cortes Generales.
b) El Congreso.
c) El Rey.
d) El Gobierno.

107. El Estado de alarma:

a) Será declarado por el Gobierno mediante decreto acordado en Consejo de Ministros, previa autorización del Congreso de los Diputados.
b) Será declarado por el Gobierno mediante decreto acordado en Consejo de Ministros por un plazo máximo de quince días, dando cuenta al Congreso de los Diputados, reunido inmediatamente al efecto y sin cuya autorización no podrá ser prorrogado dicho plazo.
c) Será declarado por el Gobierno mediante decreto acordado en Consejo de Ministros por un plazo máximo de quince días, previa autorización del Congreso de los Diputados, reunido inmediatamente al efecto y sin cuya autorización no podrá ser prorrogado dicho plazo.
d) Será declarado por la mayoría absoluta del Congreso de los Diputados, a propuesta exclusiva del Gobierno.

108. ¿Qué mayoría es necesaria para que se entienda aprobada una moción de censura?

a) Mayoría simple.
b) Mayoría absoluta.
c) Mayoría de 2/3.
d) Mayoría de 1/3.

109. La responsabilidad solidaria del Gobierno de la Nación ante el Congreso de los Diputados es de carácter:

a) Judicial.
b) Administrativo.
c) Político.
d) De los tres tipos anteriores.

110. La responsabilidad del Gobierno de la Nación ante el Senado es:

a) Mancomunada.
b) Individual.
c) Solidaria.
d) Inexistente.

111. El tiempo mínimo previsto para interpelaciones en las Cortes Generales al Gobierno de la Nación es:

a) Semanal.
b) Trimestral.
c) Mensual.
d) En cada período de sesiones.

112. El pronunciamiento sobre la cuestión de confianza es competencia del/de las:

a) Congreso de los Diputados exclusivamente.
b) Senado cuando se plantee ante él.
c) Congreso de los Diputados y Senado.
d) Propio Gobierno de la Nación.

113. La cuestión de confianza se plantea por el:

a) Presidente del Gobierno de la Nación.
b) Gobierno de la Nación en sí.
c) Congreso de los Diputados.
d) Cualquier Ministro.

114. Respecto al planteamiento de la cuestión de confianza, el Consejo de Ministros:

a) Decide.
b) Debe dictaminarlo favorablemente.
c) Delibera.
d) No tiene nada que hacer.

115. Los signatarios de una moción de censura no pueden presentar otra en el/la:

a) Misma legislatura.
b) Mismo período de sesiones.
c) Ningún momento.
d) Misma Cámara.

Solución al test n.º 1

1. b) En la indisoluble unidad de la Nación española.

2. c) Tienen el deber de conocer y el derecho de usar el castellano.

3. d) De las nacionalidades y regiones que la integran.

4. d) Las respuestas b) y c) son correctas.

5. a) Aprobada por las Cortes el 31 de octubre de 1978, ratificada por el pueblo en referéndum el 6 de diciembre de 1978 y publicada el 29 de diciembre de 1978.

6. b) En el Preámbulo.

7. a) El Rey.

8. d) Ningún español de origen podrá ser privado de su nacionalidad.

9. d) La dignidad de la persona, los derechos inviolables que le son inherentes, el libre desarrollo de su personalidad, el respeto a la ley y a los derechos de los demás.

10. b) El pluralismo político.

11. c) Monarquía parlamentaria.

12. b) Parte orgánica.

13. c) Reside en el pueblo español.

14. b) En el Título Preliminar.

15. a) Consensuada.

16. d) Todas las respuestas son correctas.

17. b) Los delitos políticos.

18. c) Su funcionamiento y estructura interna.

19. b) De cinco.

20. c) Las respuestas a) y b) son correctas.

21. b) Puede aplicarse retroactivamente.

22. b) Derecho de usar y deber de conocerlo.

23. b) La villa de Madrid.

24. b) Décimo.

25. b) Tercero del Primero.

26. b) Valor superior del anterior.

27. b) Cuando libremente renuncie a la misma.

28. a) Derechos inviolables inherentes a la persona.

29. b) En los actos oficiales.

30. d) Todos ellos.

31. b) Fuerzas Armadas.

32. b) Quinto.

33. c) El 29 de diciembre de 1978.

34. a) El 31 de octubre de 1978.

35. b) El establecimiento, como forma política del Estado, de la monarquía hereditaria.

36. c) De 169.

37. b) La solidaridad.

38. d) En ningún caso un español de origen podrá ser privado de su nacionalidad.

39. b) En el Título III.

40. c) El mismo día de la publicación de su texto oficial en el Boletín Oficial del Estado.

41. c) Que está limitado por la función social de la misma.

42. b) Igualdad y progresividad.

43. d) Nada de lo expuesto es cierto.

44. b) Aconfesional.

45. c) 15.

46. a) Ha quedado abolida.

47. a) Detención ilegal.

48. b) No dilatarse.

49. c) Puede efectuarse en todo momento.

50. b) Se necesitará autorización judicial para entrar, si no da su consentimiento para ello.

51. c) Sería inconstitucional.

52. b) Universal.

53. c) Secreto profesional.

54. c) Organizaciones Profesionales y la Administración Civil.

55. d) En los artículos 15 a 29.

56. a) Es libre.

57. a) No se admite.

58. b) Progresivo y generalizado.

59. a) Entidades constituidas para fines de interés general.

60. b) Es un deber de los padres.

61. a) Debe evitarse.

62. b) Investigación científica.

63. b) Negociación colectiva.

64. d) Lo están todos ellos.

65. b) Enseñanza.

66. c) Asistencia de Letrado.

67. b) Inviolabilidad del domicilio.

68. a) De los derechos y deberes fundamentales.

69. c) Son electores y elegibles todos los españoles que estén en pleno uso de sus derechos políticos.

70. b) 300.

71. d) Ministro.

72. c) Uno.

73. c) Congreso de los Diputados.

74. c) Presidente de la Cámara.

75. d) No se establece comunicado al Ministerio Fiscal para el ejercicio, cuando proceda, de las acciones oportunas.

76. c) Mesa de cada Cámara se sobre un orden del día determinado y serán clausuradas una vez que este haya sido agotado.

77. c) En diciembre.

78. c) Orgánica.

79. c) Quince días.

80. a) Cada una de ellas por un Diputado.

81. d) Las Comunidades Autónomas designarán, además, un Senador y otro más por cada medio millón de habitantes de su respectivo territorio.

82. b) Gobierno de la Nación, por quince días.

83. a) Excepción.

84. a) Congreso de los Diputados por mayoría absoluta.

85. a) Individuales y colectivas, siempre por escrito.

86. d) Ninguna es correcta.

87. b) 35 Diputados.

88. a) La moción de censura no podrá ser votada hasta que transcurran cinco días desde su presentación.

89. c) El Presidente del Gobierno.

90. a) Mayoría simple.

91. c) Solidariamente ante el Congreso.

92. a) La moción de censura.

93. b) La propuesta de disolución de las Cortes.

94. c) Solidario.

95. b) Siempre que lo deseen.

96. a) Sí.

97. b) El Rey.

98. b) 48 horas.

99. c) Simple.

100. a) Absoluta.

101. c) Salvo en lo que afecte a la seguridad y defensa del Estado, la averiguación de los delitos y la intimidad de las personas.

102. c) Los principios bajo los que actúa la Administración Pública.

103. c) Al Gobierno.

104. c) Se dará cuenta al Congreso de los Diputados, sin cuya autorización no podrá ser prorrogado dicho plazo.

105. a) Cinco días.

106. b) El Congreso.

107. b) Será declarado por el Gobierno mediante decreto acordado en Consejo de Ministros por un plazo máximo de quince días, dando cuenta al Congreso de los Diputados, reunido inmediatamente al efecto y sin cuya autorización no podrá ser prorrogado dicho plazo.

108. b) Mayoría absoluta.

109. c) Político.

110. d) Inexistente.

111. a) Semanal.

112. a) Congreso de los Diputados exclusivamente.

113. a) Presidente del Gobierno de la Nación.

114. c) Delibera.

115. b) Mismo período de sesiones.

Ley Orgánica de Reintegración y Amejoramiento del Régimen Foral de Navarra, en concreto los siguientes apartados: Título Preliminar: Disposiciones generales. Título I: De las Instituciones Forales de Navarra. Título III: De la reforma

1. ¿Cómo se denomina el Título III de la Ley Orgánica 13/1982, de Reintegración y Amejoramiento del Régimen Foral de Navarra (LORAFNA)?

a) Facultades y competencias de Navarra.
b) De la Reforma.
c) De las Instituciones Forales de Navarra.
d) Disposiciones Generales.

2. De acuerdo con el artículo 1 de la LORAFNA, Navarra constituye:

a) Una Provincia Foral.
b) Un Reino Foral.
c) Una Comunidad Foral.
d) Una Comunidad federal.

3. La LORAFNA es de:

a) 11 de abril de 1983.
b) 10 de agosto de 1982.
c) 1 de marzo de 1973.
d) 16 de agosto de 1841.

4. A los efectos de la LORAFNA, ostentarán la condición política de navarros:

a) Los extranjeros que tengan la vecindad administrativa en cualquiera de los municipios de Navarra.
b) Los españoles que tengan la vecindad administrativa en cualquiera de los municipios de Navarra.

c) Los españoles residentes en el extranjero que hayan tenido en Navarra su última vecindad administrativa.

d) Las tres opciones anteriores son ciertas.

5. Conforme a la LORAFNA, los navarros tendrán:

a) Distintos derechos, libertades y deberes fundamentales que los demás españoles.

b) Los mismos derechos, libertades y deberes fundamentales que los demás españoles.

c) Los mismos derechos y libertades fundamentales que los demás españoles, pero distintos deberes fundamentales.

d) Los mismos deberes fundamentales, pero distintos derechos y libertades fundamentales.

6. De acuerdo con la LORAFNA, los derechos originarios e históricos de la Comunidad Foral de Navarra serán respetados y amparados por los poderes públicos con arreglo a:

a) La Ley de 25 de octubre de 1839, la Ley Paccionada de 16 de agosto de 1841 y disposiciones complementarias.

b) La Ley Orgánica 13/1982, de 10 de agosto.

c) La Constitución española de 1978 de conformidad con lo previsto en el párrafo primero de su disposición adicional primera.

d) Las tres opciones anteriores son ciertas.

7. El Amejoramiento, en los términos de la LORAFNA, tiene por objeto integrar en el Régimen Foral de Navarra todas aquellas facultades y competencias compatibles con:

a) La unidad constitucional.

b) La voluntad constitucional.

c) La voluntad consuetudinaria.

d) La unidad foral.

8. Conforme a la LORAFNA, el vascuence:

a) No tendrá carácter de lengua oficial en ninguna zona de Navarra.

b) Tendrá carácter de lengua oficial en toda Navarra.

c) Tendrá carácter de lengua oficial en las zonas vascoparlantes de Navarra.

d) Es la lengua oficial de Navarra.

9. En toda Navarra:

a) El castellano es la lengua oficial.

b) El vascuence tendrá carácter de lengua oficial.

c) El vascuence tendrá carácter de lengua cooficial.

d) Las respuestas a) y c) son ciertas.

10. El territorio de la Comunidad Foral de Navarra está integrado por el de los municipios comprendidos en sus Merindades históricas en el momento de promulgarse la LORAFNA, de:

a) Pamplona, Estella, Tudela, Tafalla y Sangüesa.
b) Pamplona, Estella, Tudela, Sangüesa y Olite.
c) Pamplona, Tudela, Sangüesa y Olite.
d) Pamplona, Tudela, Estella, Sangüesa y Viana.

11. El Título Preliminar del Amejoramiento del Fuero es el relativo a:

a) Las Instituciones Forales de Navarra.
b) Las Facultades y Competencias de Navarra.
c) Sus Disposiciones Generales.
d) Su Reforma.

12. Se dice que Navarra constituye una Comunidad Foral en:

a) El artículo 1 de la Constitución española.
b) La Disposición Adicional Primera de la Constitución española.
c) El artículo 1 de la LORAFNA.
d) La Disposición Adicional Primera de la LORAFNA.

13. Navarra constituye una Comunidad Foral con:

a) Régimen propio.
b) Autonomía.
c) Instituciones propias.
d) Las tres opciones anteriores son ciertas.

14. Entre las Instituciones Forales de Navarra enumeradas en el art. 10 de la LORAFNA, está:

a) El Consejo de Navarra.
b) El Defensor del Pueblo de la Comunidad Foral.
c) La Cámara de Comptos.
d) El Presidente de la Comunidad Foral de Navarra.

15. A los efectos de la LORAFNA, ostentarán la condición política de navarros los españoles que, de acuerdo con las leyes generales del Estado, tengan:

a) La condición civil foral navarra.
b) La condición civil foral o la vecindad administrativa navarra.
c) La condición civil foral y la vecindad administrativa navarra.
d) La vecindad administrativa en cualquiera de los municipios de Navarra.

16. Según el artículo 1 de la LORAFNA, Navarra constituye una Comunidad Foral:

a) Con instituciones compartidas con el Estado.
b) Solidaria con sus pueblos más desfavorecidos.
c) Integrada en la Unión Europea.
d) Indivisible.

17. El Parlamento de Navarra:

a) Representa al pueblo navarro.
b) Ejerce la potestad legislativa.
c) Aprueba los Presupuestos y las Cuentas de Navarra.
d) Las tres respuestas anteriores son ciertas.

18. No es función del Parlamento de Navarra:

a) Impulsar y controlar la acción de la Diputación Foral.
b) Designar a los Senadores que correspondan a Navarra como Comunidad Foral.
c) Elaborar los Presupuestos Generales de Navarra.
d) Aprobar los Presupuestos Generales de Navarra.

19. La reforma del Reglamento del Parlamento de Navarra precisa, en la votación final sobre el conjunto del proyecto, el voto favorable de:

a) La mayoría absoluta de los miembros del Gobierno de Navarra.
b) La mayoría simple de los miembros del Gobierno de Navarra.
c) La mayoría absoluta de los miembros del Parlamento.
d) La mayoría simple de los miembros del Parlamento.

20. No es función del Parlamento de Navarra:

a) Establecer su Reglamento.
b) Aprobar sus Presupuestos.
c) Elegir, de entre sus miembros, un Presidente.
d) Ejercer la potestad legislativa delegada y la autorización para refundir textos legales.

21. El Parlamento de Navarra funciona:

a) En Pleno y Cámaras.
b) En Pleno y Mesas.
c) Solo en Pleno.
d) En Pleno y Comisiones.

22. El Parlamento elegirá, de entre sus miembros:

a) Un Presidente, una Mesa y una Comisión Plenaria.
b) Un Presidente, una Mesa y una Comisión Permanente.
c) Un Presidente, una Mesa Permanente y una Comisión Plenaria.
d) Un Presidente, una Mesa y una Comisión de Letrados.

23. El Parlamento de Navarra se reunirá anualmente en:

a) Dos periodos de sesiones ordinarias, que serán fijados en una Ley Foral.
b) Dos periodos de sesiones ordinarias, que serán fijados en su Reglamento.
c) Tres periodos de sesiones ordinarias, que serán fijados en una Ley Foral.
d) Cuatro periodos de sesiones ordinarias, que serán fijados en su Reglamento.

24. El Parlamento de Navarra podrá reunirse en sesiones extraordinarias que habrán de ser convocadas por su Presidente, a petición de:

a) Un grupo parlamentario.
b) Una sexta parte de los parlamentarios.
c) Una quinta parte de los parlamentarios.
d) La Cámara de Comptos.

25. Corresponde al Parlamento de Navarra:

a) La elaboración de los Presupuestos Generales de Navarra.
b) La formalización de las Cuentas Generales de Navarra.
c) La aprobación de los Presupuestos Generales de Navarra.
d) El ejercicio de la potestad legislativa delegada.

26. El Parlamento de Navarra:

a) Ejerce la función ejecutiva.
b) Ejerce la función ejecutiva y legislativa.
c) Ejerce la función legislativa y judicial.
d) Ejerce la potestad legislativa.

27. La Cámara de Comptos:

a) Depende orgánicamente del Parlamento de Navarra.
b) Depende orgánicamente de la Diputación Foral de Navarra.
c) Depende orgánicamente del Tribunal de Cuentas.
d) Es independiente orgánicamente.

28. El actual Reglamento del Parlamento de Navarra fue aprobado por el Pleno del mismo en el año:

a) 2003.
c) 2007.
c) 2011.
d) 2023.

29. Las Instituciones Forales de Navarra están recogidas, dentro de la LORAFNA, en el Título:

a) Segundo.
b) Preliminar.
c) Primero.
d) Tercero.

30. El artículo 10 del Amejoramiento del Fuero afirma que es Institución Foral de Navarra:

a) El Presidente de la Comunidad Foral de Navarra.
b) El Presidente del Parlamento de Navarra.
c) El Presidente de la Cámara de Comptos.
d) El Defensor del Pueblo de la Comunidad Foral de Navarra.

31. Los Presupuestos Generales de Navarra se aprobarán mediante:

a) Orden Foral.
b) Decreto Foral.
c) Ley Foral.
d) Ley Orgánica.

32. Las normas del Parlamento de Navarra:

a) Se aprobarán siempre por mayoría simple.
b) Se aprobarán siempre por mayoría absoluta.
c) Se denominarán Decretos forales.
d) Se denominarán Leyes Forales.

33. Compete al Parlamento de Navarra:

a) La elaboración de los Presupuestos de Navarra.
b) La formalización de las Cuentas de Navarra.
c) La designación de los Senadores que pudieran corresponder a Navarra como Comunidad Foral.
d) El ejercicio de la potestad legislativa delegada.

34. La votación final sobre el conjunto del proyecto de reforma del Reglamento del Parlamento de Navarra precisa el voto favorable de:

a) La mayoría simple de los miembros del Parlamento.
b) La mayoría simple de los asistentes al Parlamento.
c) La mayoría absoluta de los miembros del Parlamento.
d) La mayoría absoluta de los asistentes al Parlamento.

35. Para resultar investido, el candidato a Presidente de la Comunidad Foral de Navarra deberá obtener, en la votación inicial de los miembros del Parlamento:

a) Mayoría simple.
b) Mayoría absoluta.
c) Mayoría de dos tercios.
d) Mayoría de tres quintos.

36. El Presidente de la Comunidad Foral de Navarra ostenta:

a) La dirección de la Administración del Estado en Navarra.
b) La representación de la Comunidad Foral de Navarra, en sustitución del Presidente del Parlamento de Navarra.
c) La más alta representación de la Comunidad Foral y la coordinación de la Administración del Estado con la Administración Foral.
d) La más alta representación de la Comunidad Foral y la ordinaria del Estado en Navarra.

37. La segunda votación para la elección de Presidente de la Comunidad Foral de Navarra:

a) Se realizará 48 horas después de la primera.
b) Requerirá mayoría absoluta para el otorgamiento de la confianza al candidato.
c) Requerirá mayoría simple para el otorgamiento de la confianza al candidato.
d) Las respuestas a) y c) son ciertas.

38. El Presidente de la Comunidad Foral de Navarra:

a) Designa y separa a los Diputados forales.
b) Dirige la acción del Parlamento de Navarra.
c) Designa y separa a los Parlamentarios forales.
d) Dirige la acción del Gobierno y del Parlamento de Navarra.

39. El Presidente y los Diputados forales:

a) Nunca responden directamente ante el Parlamento de su gestión política.
b) Responden solo de forma solidaria ante el Parlamento de su gestión política.
c) Responden solo de forma directa ante el Parlamento de su gestión política.
d) Responden solidariamente ante el Parlamento de su gestión política.

40. Cuando el Presidente de la Comunidad Foral de Navarra plantee ante el Parlamento de Navarra la cuestión de confianza sobre su programa de actuación, la confianza se entenderá otorgada cuando vote a favor de la misma, como mínimo:

a) La quinta parte del número de miembros del Parlamento.
b) La cuarta parte del número de miembros del Parlamento.
c) La mayoría simple de los parlamentarios forales.
d) La mayoría absoluta de los parlamentarios forales.

41. Responden solidariamente ante el Parlamento de Navarra de su gestión política, sin perjuicio de la responsabilidad directa en su gestión:

a) Solo los parlamentarios forales.
b) El Presidente del Parlamento de Navarra y el Presidente de la Comunidad Foral de Navarra.
c) El Presidente de la Comunidad Foral de Navarra y los Diputados forales.
d) Solo los Diputados forales.

Solución al test n.º 2

1. b) De la Reforma.

2. c) Una Comunidad Foral.

3. b) 10 de agosto de 1982.

4. b) Los españoles que tengan la vecindad administrativa en cualquiera de los municipios de Navarra.

5. b) Los mismos derechos, libertades y deberes fundamentales que los demás españoles.

6. d) Las tres opciones anteriores son ciertas.

7. a) La unidad constitucional.

8. c) Tendrá carácter de lengua oficial en las zonas vascoparlantes de Navarra.

9. a) El castellano es la lengua oficial.

10. b) Pamplona, Estella, Tudela, Sangüesa y Olite.

11. c) Sus Disposiciones Generales.

12. c) El artículo 1 de la LORAFNA.

13. d) Las tres opciones anteriores son ciertas.

14. d) El Presidente de la Comunidad Foral de Navarra.

15. d) La vecindad administrativa en cualquiera de los municipios de Navarra.

16. d) Indivisible.

17. d) Las tres respuestas anteriores son ciertas.

18. c) Elaborar los Presupuestos Generales de Navarra.

19. c) La mayoría absoluta de los miembros del Parlamento.

20. d) Ejercer la potestad legislativa delegada y de la autorización para refundir textos legales.

21. d) En Pleno y Comisiones.

22. b) Un Presidente, una Mesa y una Comisión Permanente.

23. b) Dos períodos de sesiones ordinarias, que serán fijados en su Reglamento.

24. c) Una quinta parte de los parlamentarios.

25. c) La aprobación de los Presupuestos Generales de Navarra.

26. d) Ejerce la potestad legislativa.

27. a) Depende orgánicamente del Parlamento de Navarra.

28. d) 2023.

29. c) Primero.

30. a) El Presidente de la Comunidad Foral de Navarra.

31. c) Ley Foral.

32. d) Se denominarán Leyes Forales.

33. c) La designación de los Senadores que pudieran corresponder a Navarra como Comunidad Foral.

34. c) La mayoría absoluta de los miembros del Parlamento.

35. b) Mayoría absoluta.

36. d) La más alta representación de la Comunidad Foral y la ordinaria del Estado en Navarra.

37. c) Requerirá mayoría simple para el otorgamiento de la confianza al candidato.

38. a) Designa y separa a los Diputados forales.

39. d) Responden solidariamente ante el Parlamento de su gestión política.

40. c) La mayoría simple de los parlamentarios forales.

41. c) El Presidente de la Comunidad Foral de Navarra y los Diputados forales.

TEST N.º 3

Ley Foral 14/2004, de 3 de diciembre, del Gobierno de Navarra y de su Presidenta o Presidente, en concreto los siguientes apartados: Título Preliminar. Título I: Del Gobierno de Navarra. Título II: De la Presidenta o Presidente del Gobierno de Navarra. Título III: De las Vicepresidentas o Vicepresidentes y Consejeras y Consejeros del Gobierno de Navarra

1. Corresponde a la Presidenta o Presidente del Gobierno de Navarra ostentar:

a) La más alta representación de la Comunidad Foral.
b) La más alta representación del Estado en Navarra.
c) La representación ordinaria del Estado en Navarra.
d) Las respuestas a) y c) son ciertas.

2. El Presidente del Gobierno de Navarra puede designar a:

a) Uno o varios Vicepresidentes, sean o no Consejeros.
b) Uno o varios Vicepresidentes, de entre los Consejeros.
c) Un máximo de dos Vicepresidentes, de entre los Consejeros.
d) Un máximo de tres Vicepresidentes, de entre los Consejeros.

3. Cuando cese el Gobierno de Navarra, continuará en funciones hasta la toma de posesión del nuevo Gobierno, pudiendo:

a) Ejercer la iniciativa legislativa, en cualquier caso.
b) Ejercer las delegaciones legislativas otorgadas por el Parlamento de Navarra, con excepción de las referentes a los Decretos Forales Legislativos de armonización tributaria.
c) Ejercer las delegaciones legislativas otorgadas por el Parlamento de Navarra referentes a los Decretos Forales Legislativos de armonización tributaria.
d) Ejercer cualesquiera delegaciones legislativas otorgadas por el Parlamento de Navarra.

4. Corresponde defender la integridad del régimen foral de Navarra:

a) Al Gobierno de Navarra.
b) Al Presidente de la Comunidad Foral de Navarra.
c) A la Cámara de Comptos.
d) A la Comisión de Coordinación.

5. Corresponde elaborar los Presupuestos Generales de Navarra:

a) Al Parlamento de Navarra.
b) Al Gobierno de Navarra.
c) Al Presidente del Gobierno de Navarra.
d) A la Cámara de Comptos.

6. ¿Puede la Presidenta o Presidente del Gobierno de Navarra acordar la disolución del Parlamento de Navarra con anticipación al término natural de la legislatura?

a) No, en ningún caso.
b) Sí, en cualquier caso.
c) Sí, con la única salvedad de que se encuentre en tramitación una moción de censura.
d) Sí, bajo su exclusiva responsabilidad y previa deliberación del Gobierno de Navarra, salvo en determinados casos.

7. El Gobierno de Navarra precisa de la previa autorización del Parlamento de Navarra para:

a) Aprobar los proyectos de Ley.
b) Emitir Deuda Pública.
c) Nombrar a los altos cargos de la Administración de la Comunidad Foral.
d) Aprobar los proyectos de Presupuestos Generales de Navarra.

8. El Gobierno de Navarra:

a) Ejerce la potestad reglamentaria.
b) Aprueba las Leyes Forales.
c) Fiscaliza la gestión económica y financiera del sector público de la Comunidad Foral.
d) Dirige la Administración del Estado en Navarra.

9. La Presidenta o Presidente del Gobierno de Navarra, una vez elegido, es nombrado por:

a) El Delegado del Gobierno de la Nación.
b) El Parlamento de Navarra.
c) El Presidente del Parlamento de Navarra.
d) El Rey.

10. La Presidenta o Presidente del Gobierno de Navarra será elegido por:

a) El Rey.
b) El Parlamento de Navarra, de entre sus miembros.
c) El Parlamento de Navarra, de entre sus miembros o no.
d) El pueblo navarro, en las elecciones al Parlamento de Navarra.

11. Ostenta la más alta representación de la Comunidad Foral:

a) El Presidente del Parlamento de Navarra.
b) El Defensor del Pueblo de la Comunidad Foral de Navarra.
c) La Presidenta o Presidente del Gobierno de Navarra.
d) El Presidente del Gobierno nacional.

12. La Presidenta o Presidente del Gobierno de Navarra:

a) Nombra y cesa a las Consejeras o Consejeros.
c) Nombra y cesa a los Parlamentarios forales.
b) Nombra y cesa al Presidente del Parlamento de Navarra.
d) Nombra y cesa a los Senadores que pudieran corresponder a Navarra como Comunidad Foral.

13. La moción de censura al Gobierno de Navarra:

a) Se aprueba por mayoría simple.
b) Se aprueba por mayoría absoluta.
c) Una vez aprobada, implica la celebración de nuevas elecciones.
d) Las respuestas b) y c) son ciertas.

14. Si el Parlamento de Navarra aprueba una moción de censura a la Diputación:

a) El Presidente de la Diputación tendrá la facultad de dimitir o no.
b) A continuación, el Presidente de la Diputación podrá plantear al Parlamento de Navarra una cuestión de confianza para ver si se ratifica en su postura.
c) El Presidente de la Diputación presentará inmediatamente su dimisión.
d) Ninguna de las respuestas anteriores es cierta.

15. Los Decretos Forales Legislativos son:

a) Normas del Parlamento de Navarra.
b) Normas con rango de Ley Foral.
c) Normas con rango inferior al de la Leyes Forales pero superior al de los Reglamentos.
d) Normas de rango reglamentario.

Solución al test n.º 3

1. d) Las respuestas a) y c) son ciertas.

2. b) Uno o varios Vicepresidentes, de entre los Consejeros.

3. c) Ejercer las delegaciones legislativas otorgadas por el Parlamento de Navarra referentes a los Decretos Forales Legislativos de armonización tributaria.

4. a) Al Gobierno de Navarra.

5. b) Al Gobierno de Navarra.

6. d) Sí, bajo su exclusiva responsabilidad y previa deliberación del Gobierno de Navarra, salvo en determinados casos.

7. b) Emitir Deuda Pública.

8. a) Ejerce la potestad reglamentaria.

9. d) El Rey.

10. b) El Parlamento de Navarra, de entre sus miembros.

11. c) La Presidenta o Presidente de la Comunidad Foral de Navarra.

12. a) Nombra y cesa a las Consejeras o Consejeros.

13. b) Se aprueba por mayoría absoluta.

14. c) El Presidente de la Diputación presentará inmediatamente su dimisión.

15. b) Normas con rango de Ley Foral.

TEST N.º 4

Ley Foral 4/2000, de 3 de julio, del Defensor del Pueblo de la Comunidad Foral de Navarra

1. El Defensor del Pueblo de la Comunidad Foral de Navarra:

a) Presentará al Gobierno de Navarra un Informe anual sobre la gestión realizada.
b) Es alto comisionado del Gobierno de Navarra.
c) Es designado por el Defensor del Pueblo de la Nación.
d) Podrá estar auxiliado por un Adjunto.

2. Crea y regula la institución del Defensor del Pueblo de la Comunidad Foral de Navarra:

a) La Ley Foral 4/2000, de 3 de julio.
b) La Ley Foral 8/1999, de 16 de marzo.
c) La Ley Orgánica 13/1982, de 10 de agosto.
d) La Ley Foral 19/1984, de 20 de diciembre.

3. De acuerdo con la Ley Foral 4/2000, ¿qué institución cuenta como función primordial la de salvaguardar a los ciudadanos y ciudadanas frente a los posibles abusos y negligencias de la Administración?

a) La Cámara de Comptos.
b) El Tribunal Superior de Justicia de Navarra.
c) El Parlamento de Navarra.
d) El Defensor del Pueblo de la Comunidad Foral de Navarra.

4. El Defensor del Pueblo de la Comunidad Foral de Navarra será elegido:

a) Por el Parlamento de Navarra para un periodo de seis años.
b) Por el Gobierno de Navarra para un periodo de cinco años.
c) Por el Presidente del Parlamento de Navarra para un periodo de cuatro años.
d) Por la Presidenta o el Presidente del Gobierno de Navarra para un periodo de cuatro años.

5. La Comisión de Régimen Foral del Parlamento de Navarra propondrá al candidato a Defensor del Pueblo de la Comunidad Foral de Navarra mediante el voto favorable de:

a) Las tres quintas partes de sus miembros.
b) La mayoría absoluta de sus miembros.
c) Las cuatro quintas partes de sus miembros.
d) La unanimidad de sus miembros.

6. Podrá ser elegido Defensor del Pueblo de la Comunidad Foral de Navarra:

a) Cualquier persona que tenga la nacionalidad de alguno de los estados de la Unión Europea.
b) Cualquier persona española que se encuentre en pleno disfrute de sus derechos civiles y políticos.
c) Cualquier persona que se encuentre en pleno disfrute de sus derechos civiles y políticos y que, con arreglo a la Ley Orgánica 13/1982, goce de la condición política navarra.
d) Cualquier persona que goce de la condición política navarra.

7. Es falso decir que el Defensor del Pueblo de la Comunidad Foral de Navarra:

a) Desempeñará sus funciones con autonomía y según su criterio.
b) No estará sujeto a mandato imperativo alguno.
c) No recibirá instrucciones de ninguna autoridad.
d) Para ser designado ha de obtener el voto favorable de la mayoría absoluta de los miembros del Parlamento de Navarra.

8. Podrá dirigirse al Defensor del Pueblo de la Comunidad Foral de Navarra:

a) Toda persona natural que invoque un interés legítimo y goce de la condición política navarra.
b) Toda persona natural que invoque un interés legítimo, sea mayor de edad y tenga capacidad legal.
c) Toda persona natural que invoque un interés legítimo, sea mayor de edad y no tenga relación especial de sujeción o dependencia de una Administración o poder público.
d) Toda persona, natural o jurídica, que invoque un interés legítimo, sin restricción alguna.

9. Es falso decir que el Defensor del Pueblo de la Comunidad Foral de Navarra:

a) Es dependiente en su funcionamiento del Defensor del Pueblo designado por las Cortes Generales.
b) Podrá establecer acuerdos con el Defensor del Pueblo designado por las Cortes Generales para fijar criterios de actuaciones conjuntas a fin de materializar la coordinación, cooperación y colaboración entre ambas instituciones.

c) Podrá dirigirse de forma razonada al Defensor del Pueblo para que este, en defensa de los intereses ciudadanos, y siempre que lo considere oportuno interponga o ejercite el recurso de inconstitucionalidad o el de amparo.

d) Designa y cesa libremente a los asesores y personal de confianza necesarios para el ejercicio de sus funciones de acuerdo con su Reglamento y dentro de los límites del Presupuesto.

10. El Defensor del Pueblo de la Comunidad Foral de Navarra:

a) Dará cuenta anualmente a la Cámara de Comptos de la gestión realizada.

b) Dará cuenta anualmente al Gobierno de Navarra de la gestión realizada.

c) Dará cuenta anualmente al Parlamento de Navarra de la gestión realizada en un Informe que presentará al mismo en el periodo ordinario de sesiones.

d) Dará cuenta cada dos años al Parlamento de Navarra de la gestión realizada en un Informe.

11. Cuando el Defensor del Pueblo de la Comunidad Foral de Navarra, en razón del ejercicio de las funciones propias de su cargo, tenga conocimiento de una conducta o hechos presuntamente delictivos, lo pondrá en inmediato conocimiento:

a) Del Presidente del Parlamento de Navarra.

c) De la Presidenta o Presidente del Gobierno de Navarra.

d) Del Presidente del Tribunal Superior de Justicia de Navarra.

d) Del Ministerio Fiscal.

12. ¿Están obligados los poderes públicos y organismos de la Comunidad Foral a auxiliar al Defensor del Pueblo de la Comunidad Foral de Navarra en sus investigaciones e inspecciones?

a) No.

b) No, salvo en algunas excepciones.

c) Sí, con carácter preferente y urgente.

d) Sí, pero no con carácter urgente.

13. ¿El Defensor del Pueblo de Navarra, en el ejercicio de sus funciones, puede llegar a imponer multas coercitivas a Administraciones o entidades que no remitan la documentación requerida por él, aunque hayan sido apercibidas para que lo hagan en el plazo de diez días?

a) No.

b) Sí, de 3.000 euros.

c) Sí, de 1.500 euros.

d) Sí, de 1.000 euros.

14. Admitida una queja por el Defensor del Pueblo de la Comunidad Foral de Navarra y tras promover este la oportuna investigación sumaria e informal para el esclarecimiento de los supuestos de la misma, ¿qué plazo, tras dar cuenta del contenido sustancial de la solicitud al organismo o a la dependencia administrativa procedente, tendrá el jefe o superior de dicho organismo o dependencia para remitirle informe escrito, declaración o documentación?

a) 10 días.
b) 15 días.
c) 20 días.
d) Un mes.

15. Es función primordial del Defensor del Pueblo de la Comunidad Foral de Navarra:

a) Supervisar la actividad de la Administración.

b) Trasladar las quejas recibidas por parte de los ciudadanos al órgano judicial competente.

c) Salvaguardar a los ciudadanos y ciudadanas frente a los posibles abusos y negligencias de la Administración.

d) Efectuar visitas de inspección a cualquier servicio o dependencia de los organismos y entidades.

Solución al test n.º 4

1. d) Podrá estar auxiliado por un Adjunto.

2. a) La Ley Foral 4/2000, de 3 de julio.

3. d) El Defensor del Pueblo de la Comunidad Foral de Navarra.

4. a) Por el Parlamento de Navarra para un periodo de seis años.

5. a) Las tres quintas partes de sus miembros.

6. c) Cualquier persona que se encuentre en pleno disfrute de sus derechos civiles y políticos y que, con arreglo a la Ley Orgánica 13/1982, goce de la condición política navarra.

7. d) Para ser designado ha de obtener el voto favorable de la mayoría absoluta de los miembros del Parlamento de Navarra.

8. d) Toda persona, natural o jurídica, que invoque un interés legítimo, sin restricción alguna.

9. a) Es dependiente en su funcionamiento del Defensor del Pueblo designado por las Cortes Generales.

10. c) Dará cuenta anualmente al Parlamento de Navarra de la gestión realizada en un Informe que presentará al mismo en el periodo ordinario de sesiones.

11. d) Del Ministerio Fiscal.

12. c) Sí, con carácter preferente y urgente.

13. c) Sí, de 1.500 euros.

14. b) 15 días.

15. c) Salvaguardar a los ciudadanos y ciudadanas frente a los posibles abusos y negligencias de la Administración.

TEST N.º 5

Ley Foral 19/1984, de 20 de diciembre, reguladora de la Cámara de Comptos de Navarra

1. De acuerdo con la Ley Foral de la Cámara de Comptos de Navarra, ¿qué tipo de control tendrá como finalidad determinar el grado en que se hayan conseguido los objetivos previstos, analizando las posibles desviaciones que se hayan podido producir y las causas que las originen?

a) El de economía.
b) El de eficiencia.
c) El de eficacia.
d) El de legalidad.

2. El Presidente de la Cámara de Comptos será nombrado:

a) Por el Gobierno de Navarra por un periodo de cuatro años.
b) Por el Gobierno de Navarra por un periodo de cinco años.
c) Por el Parlamento de Navarra por un periodo de cinco años.
d) Por el Parlamento de Navarra por un periodo de seis años.

3. ¿Cuál de las siguientes funciones es, previa audiencia de los Auditores, del Presidente de la Cámara de Comptos?

a) Realizar el control de las cuentas y la gestión económica del sector público de la Comunidad Foral.
b) Elaborar el presupuesto anual de la Cámara.
c) Aprobar el programa anual de fiscalización a desarrollar por la Cámara.
d) Presentar al Parlamento la memoria anual de las actividades de la Cámara.

4. En la elección para el nombramiento del Presidente de la Cámara de Comptos, se exigirá en la primera votación:

a) Unanimidad.
b) Mayoría de tres quintos.

c) Mayoría absoluta.
d) Mayoría simple.

5. No podrán ser designados como Presidente de la Cámara de Comptos quienes hubiesen desempeñado funciones de gestión, inspección o intervención de los ingresos o gastos del sector público durante:

a) El año anterior a la fecha de nombramiento.
b) Los dos años anteriores a la fecha de nombramiento.
c) Los tres años anteriores a la fecha de nombramiento.
d) Los cuatro años anteriores a la fecha de nombramiento.

6. La Cámara de Comptos tiene como función propia:

a) Controlar las cuentas y la gestión económica del sector público de Navarra.
b) Asesorar a los ciudadanos en materias económico-financieras.
c) Controlar las cuentas del sector privado de Navarra.
d) Controlar la acción del Gobierno de Navarra.

7. Es falso que, entre los órganos de la Cámara de Comptos, esté/n:

a) Los Auditores.
b) Los Consejeros forales.
c) La Secretaría General.
d) El Presidente.

8. La Cámara de Comptos de Navarra es:

a) Un órgano técnico dependiente del Parlamento de Navarra.
b) El órgano fiscalizador de la gestión económica y financiera del sector público de la Comunidad Foral.
c) El órgano que aprueba los Presupuestos del Parlamento de Navarra.
d) Las respuestas a) y b) son ciertas.

9. La Cámara de Comptos tendrá como funciones propias:

a) Controlar las cuentas y la gestión económica del sector público de Navarra.
b) Controlar al Gobierno de Navarra y asesorar en materias económicas a su Presidente.
c) Asesorar al Parlamento en materias económico-financieras.
d) Las respuestas a) y c) son ciertas.

10. La Cámara de Comptos:

a) Estará facultada para exigir, en el ejercicio de las funciones de control y fiscalización, de cuantos Organismos y Entidades integren el sector público navarro, los datos necesarios para el desarrollo de sus funciones.

b) Estará facultada, en el ejercicio de las funciones de control y fiscalización, para inspeccionar y comprobar toda la documentación de las oficinas públicas, en cuanto estimase necesario para el desarrollo de sus funciones.

c) Estará facultada, en el ejercicio de su función fiscalizadora, para proponer y recomendar las medidas que considere oportuno adoptar para la mejora del control del sector público de la Comunidad Foral.

d) Las tres respuestas anteriores son ciertas.

11. La Cámara de Comptos tiene como función propia:

a) Asesorar al Gobierno de Navarra en materias económico-financieras.
b) Controlar las cuentas del sector público de Navarra.
c) Controlar la gestión económica del sector privado de Navarra.
d) Las respuestas a) y b) son ciertas.

12. La Cámara de Comptos propiamente es un órgano:

a) Legislativo.
b) Fiscalizador.
c) Ejecutivo.
d) Las respuestas a) y b) son ciertas.

13. Tiene como función propia asesorar al Parlamento de Navarra en materias económico-financieras:

a) El Consejo de Navarra.
b) El Tribunal de Cuentas.
c) El Gobierno de Navarra.
d) La Cámara de Comptos.

14. Es falso decir, en relación con el Secretario General de la Cámara de Comptos, que:

a) Es función suya elaborar el presupuesto anual de la Cámara.
b) Es función suya prestar asesoramiento jurídico al Presidente.
c) Actuará como tal uno de los letrados designados por el Presidente de la Cámara.
d) Será nombrado y cesado libremente por el Presidente de entre los letrados.

15. La Cámara de Comptos remitirá a la Mesa del Parlamento la rendición de sus cuentas:

a) Antes del día 31 de diciembre de cada año.
b) Antes del día 1 de marzo de cada año.
c) Antes del día 31 de marzo de cada año.
d) Antes del día 1 de enero de cada año.

Solución al test n.º 5

1. c) El de eficacia.

2. d) Por el Parlamento de Navarra por un periodo de seis años.

3. c) Aprobar el programa anual de fiscalización a desarrollar por la Cámara.

4. c) Mayoría absoluta.

5. b) Los dos años anteriores a la fecha de nombramiento.

6. a) Controlar las cuentas y la gestión económica del sector público de Navarra.

7. b) Los Consejeros forales.

8. d) Las respuestas a) y b) son ciertas.

9. d) Las respuestas a) y c) son ciertas.

10. d) Las tres respuestas anteriores son ciertas.

11. b) Controlar las cuentas del sector público de Navarra.

12. b) Fiscalizador.

13. d) La Cámara de Comptos.

14. a) Es función suya elaborar el presupuesto anual de la Cámara.

15. b) Antes del día 1 de marzo de cada año.

TEST N.º 6

Ley Foral 4/2020, de 27 de febrero, de Símbolos de Navarra

1. No es símbolo de identidad exclusivo de la Comunidad Foral de Navarra:

a) El himno de Navarra.
b) El escudo de Navarra.
c) La bandera de Navarra.
d) El logotipo de Navarra.

2. Requerirá autorización administrativa del departamento competente del Gobierno de Navarra:

a) El uso como distintivo de origen de la bandera y del escudo en productos o mercancías.
b) El empleo como símbolo o logotipo de partidos políticos, sindicatos y asociaciones empresariales.
c) El empleo como símbolo o logotipo de cualesquiera entidades privadas.
d) Las tres opciones anteriores son ciertas.

3. Se prohíbe la utilización en el escudo o en la bandera de Navarra de:

a) Cualquier símbolo.
b) Cualquier sigla.
c) Cualquier logotipo.
d) Las tres opciones anteriores son ciertas.

4. De acuerdo con la Ley Foral 4/2020, en el exterior de todas las sedes administrativas y edificios de servicios de las Instituciones Forales, de la Administración de la Comunidad Foral y de las Entidades Locales:

a) La bandera de España deberá estar expuesta en lugar preferente, sin perjuicio de la preeminencia de la de Navarra.
b) La bandera de Navarra deberá estar expuesta en lugar preferente, sin perjuicio de la preeminencia de la de España.

c) La bandera de la Unión Europea deberá estar expuesta en lugar preferente, sin perjuicio de la preeminencia de la de Navarra.

d) Las banderas de Navarra, España y la Unión Europea deberán estar expuestas en lugar preferente.

5. Deberá/n garantizar el cumplimiento de lo dispuesto en la Ley Foral 4/2000:

a) El Gobierno de España.
b) Las autoridades policiales.
c) Las instituciones forales.
d) El Defensor del Pueblo español.

6. La bandera de Navarra, cuando concurra solamente con la bandera de España:

a) Se situará la izquierda desde la presidencia o de quien la coloca, si la hubiere.
b) Se situará a la derecha desde la presidencia o de quien la coloca, si la hubiere.
c) Se situará a la derecha desde el observador o desde la vía pública mirando a ellas.
d) Podrá ser de mayor tamaño que la de España.

7. Es falso decir que, de acuerdo con la Ley Foral 4/2020, el Gobierno de Navarra:

a) Podrá fomentar la presencia visual de la bandera de Navarra en aquellos lugares en que entienda que concurren circunstancias de carácter histórico o de reflejo de la identidad política de Navarra.

b) Podrá realizar actos de homenaje a la bandera de Navarra y fomentar su uso por la sociedad civil mediante las medidas que adopte con tal fin.

c) Podrá fomentar el conocimiento y el uso de los símbolos de Navarra.

d) Deberá adoptar como imagen corporativa un logotipo del escudo oficial de Navarra como solución de diseño gráfico más simplificado y actualizado a los gustos estéticos de cada época.

8. El himno de Navarra es el denominado:

a) «Himno de las Merindades».
b) «Himno de las Cortes».
c) «Himno de Comptos».
d) «Himno de Sangüesa».

9. El himno de Navarra ha de ser interpretado, en aquellos actos oficiales de carácter público y especial significación organizados por las instituciones de la Comunidad Foral:

a) Al inicio o al final de los mismos.
b) Al inicio y al final de los mismos.
c) Al inicio de los mismos.
d) Al final de los mismos.

10. Que la bandera de Navarra ondee en el exterior de los edificios de las sedes administrativas y de los servicios de aquellas Entidades que componen la Administración Local:

a) Constituye un derecho cívico de todo ciudadano de la Unión Europea.

b) Constituye un derecho cívico de toda persona que visite la Comunidad Foral.

c) Constituye un derecho fundamental de toda la ciudadanía de la Comunidad Foral a la que representan política y administrativamente.

d) No constituye ningún derecho cívico de la ciudadanía de la Comunidad Foral a la que representan política y administrativamente.

Solución al test n.º 6

1. d) El logotipo de Navarra.

2. d) Las tres opciones anteriores son ciertas.

3. d) Las tres opciones anteriores son ciertas.

4. b) La bandera de Navarra deberá estar expuesta en lugar preferente, sin perjuicio de la preeminencia de la de España.

5. c) Las instituciones forales.

6. a) Se situará la izquierda desde la presidencia o de quien la coloca, si la hubiere.

7. d) Deberá adoptar como imagen corporativa un logotipo del escudo oficial de Navarra como solución de diseño gráfico más simplificado y actualizado a los gustos estéticos de cada época.

8. b) «Himno de las Cortes».

9. a) Al inicio o al final de los mismos.

10. c) Constituye un derecho fundamental de toda la ciudadanía de la Comunidad Foral a la que representan política y administrativamente.

TEST N.º 7

Decreto Foral 81/1986, de 14 de marzo, por el que se regula el Régimen de Precedencias en la Comunidad Foral de Navarra. Real Decreto 2099/1983, de 4 de agosto, por el que se aprueba el Ordenamiento General de Precedencias en el Estado

1. La prioridad o antelación en el orden a determinar por la situación posicional o el lugar por categoría, cargo o rango, que le está reservado a una personalidad o autoridad concurrente a un acto, se denomina:

a) Protocolo.
b) Precedencia.
c) Tratamiento.
d) Procedencia.

2. El ordenamiento general de precedencias de los cargos y entes públicos en los actos oficiales se regula por el:

a) Real Decreto 2099/1983, de 4 de agosto.
b) Real Decreto 378/2014, de 30 de mayo.
c) Decreto de 1 de junio de 1948.
d) Real Decreto 222/1988, de 11 de marzo.

3. Señala la respuesta incorrecta. Las normas de protocolo parten del supuesto básico de que existen diferencias entre personas. Estas diferencias se basan en:

a) Aspectos relacionados con la responsabilidad.
b) Aspectos relacionados con los honores adquiridos por méritos.
c) Aspectos intrínsecos de la persona como tal.
d) Aspectos relacionados con la representatividad del cargo.

4. La vexilología:

a) Explica y describe los escudos de armas de personas.
b) Estudia las banderas, pendones y estandartes.

c) Estudia los uniformes.

d) Estudia la simbología de los tratamientos protocolarios.

5. Señala la respuesta incorrecta. Tienen tratamiento de Excelentísimo Señor, Excmo./a. Sr./Sra.:

a) Los Secretarios de Estado.

b) Presidente del Tribunal Constitucional.

c) Directores Generales.

d) Presidente del Tribunal de Cuentas.

6. El Alcalde de Madrid tiene tratamiento de:

a) Ilustrísimo.

b) Excelentísimo.

c) Señoría.

d) Ilustrísima Señoría.

7. Señala la respuesta incorrecta. Conforme al artículo sexto de la Ley 39/1981, de 28 de octubre, por la que se regula el uso de la bandera de España y el de otras banderas y enseñas, cuando se utilice la bandera de España, se deberá colocar:

a) Ocupará siempre un lugar modesto y poco visible.

b) Si está junto a otras banderas, la de España ocupará un lugar preeminente.

c) Si está junto a otras banderas, las restantes no podrán tener mayor tamaño.

d) Si está junto a otras banderas, la de España ocupará un lugar de máximo honor.

8. Siguiendo las normas generales en relación con la precedencia de altos cargos, los Presidentes de Consejos de Gobierno de las Comunidades Autónomas se ordenarán de acuerdo con:

a) La representatividad.

b) La jurisdiccionalidad.

c) La antigüedad de la publicación oficial del correspondiente Estatuto de Autonomía.

d) El grado de responsabilidad.

9. De acuerdo con el Real Decreto 2099/1983, ¿cuál es la precedencia principal del Estado que sigue, en orden, a la Casa Real y al Presidente del Gobierno?

a) El Presidente del Senado.

b) El Vicepresidente del Gobierno.

c) El Presidente del Congreso de los Diputados.
d) El Presidente del Consejo General del Poder Judicial.

10. Los Consejeros del Gobierno de las Comunidades de Cataluña, Valencia y Baleares tienen tratamiento de:

a) Ilustrísimo/a Sr/a.
b) Excelentísimo/a Sr/a.
c) Molt Honorable Sr.
d) Señoría.

11. Según la Ley 3/2015, de 30 de marzo, los Diputados del Congreso reciben el tratamiento de:

a) Sr. o Sra.
b) Excelentísimo/a Sr/a.
c) Ilustrísimo/a Sr/a.
d) Señoría.

12. Según determina el artículo sexto de la Ley 39/1981, en un acto protocolario en un Ayuntamiento, si el número de banderas que ondean juntas es impar, la bandera de España ocupará:

a) La posición más a la izquierda, desde el punto de vista del observador.
b) La posición central.
c) La posición más a la derecha, desde el punto de vista del observador.
d) Los dos extremos.

13. Tal como señala el artículo 4 del Decreto Foral 81/1986, de 14 de marzo, por el que se regula el régimen de precedencias en la Comunidad Foral de Navarra, los actos oficiales se clasifican en:

a) Actos solemnes y actos festivos.
b) Actos conmemorativos y actos representativos.
c) Actos de carácter abierto y actos de carácter restringido.
d) Actos de carácter general y actos de carácter especial.

14. Los actos organizados por las autoridades competentes para la celebración de festividades, acontecimientos y conmemoraciones, son actos de carácter:

a) Festivo.
b) Especial.
c) General.
d) Restringido.

15. En virtud del artículo 5 del Decreto Foral 81/1986, entre las siguientes autoridades, ¿cuál ocuparía un lugar más preeminente en un acto oficial de carácter general?

a) Alcalde del municipio en el que se celebra el acto.
b) Consejero del Gobierno de Navarra.
c) Presidente del Consejo de Navarra.
d) Expresidente del Gobierno de Navarra.

16. En virtud del artículo 5 del Decreto Foral 81/1986, entre las siguientes autoridades, ¿cuál ocuparía un lugar más preeminente en un acto oficial de carácter general?

a) Secretario municipal del ayuntamiento en cuyo término se celebra el acto.
b) Concejales del municipio en que se celebra el acto.
c) Tenientes de Alcalde del municipio en que se celebra el acto.
d) Alcalde que asuma la presidencia de la asociación de municipios y concejos de Navarra que cuente con una mayor representatividad.

17. En caso de que el acto se celebre en un municipio compuesto y dentro del término de un Concejo, el Presidente del Concejo se situará:

a) En el lugar inmediatamente posterior al Alcalde.
b) En el lugar inmediatamente anterior al Alcalde.
c) En el lugar del Alcalde.
d) En el lugar correspondiente a Alcaldes de otros municipios.

18. Según el artículo 5 del Decreto Foral 81/1986, ¿en qué orden se sitúan los Alcaldes de las ciudades cabecera de Merindad?

a) Estella, Olite, Pamplona, Sangüesa y Tudela.
b) Pamplona, Estella, Sangüesa, Olite y Tudela.
c) Pamplona, Tudela, Estella, Sangüesa y Olite.
d) Tudela, Estella, Pamplona, Olite y Sangüesa.

19. Conforme al artículo 5 del DF 81/1986, ¿cuál es el orden correcto de ordenación de las instituciones de la Comunidad Foral de Navarra?

a) Parlamento de Navarra, Gobierno de Navarra, Departamentos de la Administración de la CFN y Ayuntamiento del Municipio en que se celebre el acto.
b) Ayuntamiento del Municipio en que se celebre el acto, Gobierno de Navarra, Departamentos de la Administración de la CFN y Parlamento de Navarra.
c) Parlamento de Navarra, Ayuntamiento del Municipio en que se celebre el acto, Gobierno de Navarra y Departamentos de la Administración de la CFN.
d) Gobierno de Navarra, Parlamento de Navarra, Ayuntamiento del Municipio en que se celebre el acto y Departamentos de la Administración de la CFN.

20. Según el Decreto Foral 10/2023, de 17 de agosto, ¿cuál de los siguientes Departamentos de la actual Administración de la Comunidad Foral de Navarra ocupa un mejor puesto a efectos del régimen de precedencias?

a) Departamento de Economía y Hacienda.
b) Departamento de Memoria y Convivencia, Acción Exterior y Euskera.
c) Departamento de Interior, Función Pública y Justicia.
d) Departamento de Educación.

Solución al test n.º 7

1. b) Precedencia.

2. a) Real Decreto 2099/1983, de 4 de agosto.

3. c) Aspectos intrínsecos de la persona como tal.

4. b) Estudia las banderas, pendones y estandartes.

5. c) Directores Generales.

6. b) Excelentísimo.

7. a) Ocupará siempre un lugar modesto y poco visible.

8. c) La antigüedad de la publicación oficial del correspondiente Estatuto de Autonomía.

9. c) El Presidente del Congreso de los Diputados.

10. c) Molt Honorable Sr.

11. b) Excelentísimo/a Sr/a.

12. b) La posición central.

13. d) Actos de carácter general y actos de carácter especial.

14. c) General.

15. a) Alcalde del municipio en el que se celebra el acto.

16. c) Tenientes de Alcalde del municipio en que se celebra el acto.

17. b) En el lugar inmediatamente anterior al Alcalde.

18. c) Pamplona, Tudela, Estella, Sangüesa y Olite.

19. d) Gobierno de Navarra, Parlamento de Navarra, Ayuntamiento del Municipio en que se celebre el acto y Departamentos de la Administración de la CFN.

20. b) Departamento de Memoria y Convivencia, Acción Exterior y Euskera.

TEST N.º 8

Ley Foral 17/2019, de 4 de abril, de Igualdad entre Mujeres y Hombres, en concreto los siguientes apartados: Título I: Disposiciones generales. Título II: Sistema de la organización institucional para la igualdad. Título III: Mecanismos para garantizar el derecho de igualdad

1. Según el artículo 44 de la Ley Orgánica 13/1982, de 10 de agosto, de Reintegración y Amejoramiento del Régimen Foral de Navarra, ¿qué competencia tiene la Comunidad Foral de Navarra en materia de igualdad?

a) Competencia exclusiva.
b) Competencia de ejecución.
c) Competencia compartida.
d) Competencia concurrente.

2. ¿Cuál es la Ley Foral que regula, en el ámbito de la Comunidad Foral de Navarra, la igualdad entre Mujeres y Hombres?

a) LF 2/2011, de 11 de marzo.
b) LF 7/2004, de 16 de julio.
c) LF 4/2019, de 19 de febrero.
d) LF 17/2019, de 4 de abril.

3. ¿En cuántos títulos se estructura el articulado de la ley foral de igualdad entre mujeres y hombres de Navarra?

a) En 5.
b) En 7.
c) En 9.
d) En 10.

4. Conforme al artículo 1 de la Ley Foral 17/2019, se debe impulsar un cambio de valores que fortalezca la posición social, económica y política de las mujeres, que permita reforzar su autonomía y empoderamiento y eliminar los obstáculos que impidan o dificulten el avance hacia una sociedad navarra libre, justa, democrática y/e:

a) Igualitaria.
b) Avanzada.
c) Solidaria.
d) Productiva.

5. Según su artículo 1.2, la LF 17/2019 establece principios de actuación de los poderes públicos, regula derechos y obligaciones de las personas físicas y jurídicas, tanto públicas como privadas, configura estructuras, mecanismos y recursos dirigidos a garantizar la igualdad y la no discriminación por razón de sexo e incorpora la transversalidad de la perspectiva de género como principio informador en todas las políticas públicas, colocando en el centro de las mismas:

a) La igualdad de oportunidades.
b) La democratización de las instituciones.
c) La corresponsabilidad de las tareas familiares.
d) La sostenibilidad de la vida.

6. ¿Cómo se denomina al acceso al mismo trato y oportunidades para el reconocimiento, goce o pleno ejercicio de los derechos humanos y las libertades fundamentales?

a) Igualdad sustantiva.
b) Perspectiva de género.
c) Transversalidad de género.
d) Corresponsabilidad.

7. La situación por la que las mujeres y hombres ocupan mayoritariamente determinadas profesiones, eligen determinados estudios o se distribuyen el uso del tiempo o del espacio, entre otros ámbitos, debido a roles y estereotipos de género se llama:

a) Brecha de género.
b) Discriminación múltiple.
c) Segregación ocupacional.
d) Desigualdad sustantiva.

8. Situación en la que se encuentra una mujer o grupo de mujeres por concurrir diversas situaciones de discriminación, tales como la edad, clase social, nacionalidad, etnia, discapacidad, identidad sexual, orientación sexual y otras:

a) Discriminación múltiple.
b) Discriminación por asociación.
c) Discriminación indirecta.
d) Discriminación por error.

9. A efectos de la LF 17/2019, se entiende por conciliación:

a) La responsabilidad que mujeres y hombres tienen en cuanto a similares deberes y obligaciones para que la vida sea viable y sostenible desde una perspectiva de equidad y justicia social.

b) El equilibrio de los usos del tiempo y recursos que las personas tienen en las distintas facetas de la vida, particularmente en el ámbito personal, laboral, profesional o familiar.

c) El acceso al mismo trato y oportunidades para el reconocimiento, goce o pleno ejercicio de los derechos humanos y las libertades fundamentales.

d) La acción educadora que potencia la igualdad real de oportunidades y valora indistintamente la experiencia, aptitudes y aportación social y cultural de mujeres y hombres, en igualdad de derechos, sin estereotipos sexistas, homofóbicos, bifóbicos, transfóbicos o androcéntricos ni actitudes discriminatorias por razón de sexo, orientación sexual, identidad de género o expresión de género.

10. ¿Qué define el artículo 3 de la LF 17/2019 como "paradigma que entiende el proceso de la vida teniendo en cuenta las necesidades tanto de recursos materiales como de contextos y relaciones de cuidado y afecto"?

a) Sostenibilidad de la vida.
b) Perspectiva de género.
c) Transversalidad.
d) Igualdad sustantiva.

11. Para fomentar la autonomía y participación de las mujeres como estrategia para avanzar hacia la justicia social y la consecución de la igualdad, los poderes públicos de la Comunidad de Navarra deberán:

a) Garantizar la efectividad del principio constitucional.
b) Empoderar a las mujeres.
c) Promover acciones positivas.
d) Transversalizar el principio de igualdad.

12. Se entenderá por composición equilibrada la presencia de mujeres y hombres de forma que, en el conjunto al que se refiera, las personas de cada sexo:

a) No superen el 55 % ni sean menos del 45 %.
b) No superen el 70 % ni sean menos del 30 %.
c) No superen el 60 % ni sean menos del 40 %.
d) No superen el 65 % ni sean menos del 35 %.

13. ¿En virtud de qué principio de actuación de los poderes públicos de la Comunidad Foral de Navarra, se avanzará en una sociedad democrática que visibilice las desigualdades para actuar contra ellas?

a) Transparencia.
b) Coordinación.
c) Calidad.
d) Comunicación inclusiva.

14. ¿A quién corresponde fijar los objetivos generales y las directrices esenciales en materia de políticas de igualdad de género?

a) Al Parlamento de Navarra.
b) Al Gobierno de Navarra.
c) Al Departamento competente en materia de igualdad.
d) A la Comisión Interdepartamental para la Igualdad.

15. Según el artículo 22 de LF 17/2019, todos los anteproyectos de ley foral, las disposiciones normativas de carácter general y los planes que se sometan a la aprobación del Gobierno de Navarra, así como las ordenanzas elaboradas por las Entidades Locales, deberán incorporar:

a) Acciones positivas para promover la consecución de la igualdad real y efectiva entre mujeres y hombres.
b) El principio de representación equilibrada.
c) Transparencia para avanzar en una sociedad democrática que visibilice las desigualdades para actuar contra ellas.
d) Un informe sobre impacto por razón de género.

16. El órgano consultivo y de participación superior en la Comunidad Foral de Navarra en materia de igualdad entre mujeres y hombres es/son:

a) Las Unidades de Igualdad.
b) El Instituto Navarro para la Igualdad.
c) El Consejo Navarro de Igualdad.
d) La Comisión Interdepartamental para la Igualdad.

17. ¿Qué organismo/s es/son el/los responsable/s de elaborar el Plan Estratégico para la Igualdad de Navarra?

a) Las Unidades de Igualdad.
b) El Instituto Navarro para la Igualdad.
c) El Consejo Navarro de Igualdad.
d) La Comisión Interdepartamental para la Igualdad.

18. ¿A quién corresponde promover las políticas necesarias para que el derecho a la igualdad entre mujeres y hombres sea una realidad en el ámbito territorial de la Comunidad Foral de Navarra?

a) Al Gobierno de Navarra.
b) Al Consejo Navarro de Igualdad.
c) Al Departamento de Presidencia del Gobierno de Navarra.
d) Al Instituto Navarro de Igualdad.

19. ¿A quién corresponde la competencia para la imposición de sanciones por infracciones leves o graves en materia de igualdad?

a) A la Consejera o Consejero del Departamento competente en materia de políticas de igualdad.
b) A la persona titular de la Dirección Gerente del Instituto Navarro para la Igualdad.
c) Al departamento de investigación del Gobierno de Navarra.
d) Al órgano competente dependiente del Ministerio Fiscal.

20. ¿Cuál de las siguientes NO es una función de la Comisión Interdepartamental para la Igualdad?

a) El seguimiento de la ejecución y grado de cumplimiento del Plan Estratégico para la igualdad entre mujeres y hombres de Navarra.
b) Establecer los comités y grupos de trabajo interdepartamentales necesarios para desarrollar las líneas de actuación priorizadas.
c) Asegurar la coordinación de las actuaciones de los departamentos de la Administración de la Comunidad Foral de Navarra en materia de igualdad de género.
d) Informar el Plan Estratégico para la Igualdad entre mujeres y hombres de Navarra, previo a su aprobación por el Gobierno de Navarra.

21. La Comisión Interdepartamental para la Igualdad deberá reunirse para conocer el Plan Estratégico de Igualdad de Navarra, y además la presidencia la convocará, al menos:

a) Una vez al año.
b) Dos veces al año.
c) Una vez al trimestre.
d) Una vez al mes.

22. Conforme al artículo 8 de la LF 17/2019, ¿qué órgano coordina las Unidades de Igualdad de los departamentos del Gobierno de Navarra?

a) El Departamento competente en materia de igualdad.
b) El Consejo Navarro de Igualdad.
c) El Instituto Navarro para la Igualdad.
d) La Comisión Interdepartamental para la Igualdad.

23. ¿A qué órgano corresponde articular la participación colaborativa del movimiento asociativo de mujeres y los grupos feministas de Navarra en la planificación, ejecución, seguimiento y evaluación de las políticas públicas de igualdad entre mujeres y hombres?

a) A las Entidades Locales de Navarra.
b) Al Consejo Navarro de Igualdad.
c) Al Instituto Navarro para la Igualdad.
d) La Comisión Interdepartamental para la Igualdad.

24. Según el artículo 14 de la LF 17/2019, la vigencia del Plan Estratégico para la igualdad entre mujeres y hombres de Navarra será, con carácter general, de:

a) 3 años.
b) 4 años.
c) 5 años.
d) 6 años.

25. Las Administraciones Públicas de Navarra, para garantizar la eficacia en la incorporación de la perspectiva de género en su actividad ordinaria, deberán incluir sistemáticamente, en todas las estadísticas, encuestas y recogida de datos que lleven a cabo, la variable de:

a) Sexo.
b) Género.
c) Sexualidad.
d) Orientación sexual.

Solución al test n.º 8

1. a) Competencia exclusiva.

2. d) LF 17/2019, de 4 de abril.

3. a) En 5.

4. c) Solidaria.

5. d) La sostenibilidad de la vida.

6. a) Igualdad sustantiva.

7. c) Segregación ocupacional.

8. a) Discriminación múltiple.

9. b) El equilibrio de los usos del tiempo y recursos que las personas tienen en las distintas facetas de la vida, particularmente en el ámbito personal, laboral, profesional o familiar.

10. a) Sostenibilidad de la vida.

11. b) Empoderar a las mujeres.

12. c) No superen el 60 % ni sean menos del 40 %.

13. a) Transparencia.

14. b) Al Gobierno de Navarra.

15. d) Un informe sobre impacto por razón de género.

16. c) El Consejo Navarro de Igualdad.

17. b) El Instituto Navarro para la Igualdad.

18. a) Al Gobierno de Navarra.

19. b) A la persona titular de la Dirección Gerente del Instituto Navarro para la Igualdad.

20. d) Informar el Plan Estratégico para la Igualdad entre mujeres y hombres de Navarra, previo a su aprobación por el Gobierno de Navarra.

21. a) Una vez al año.

22. c) El Instituto Navarro para la Igualdad.

23. b) Al Consejo Navarro de Igualdad.

24. d) 6 años.

25. a) Sexo.

TEST N.º 9

**El Tratado de la Unión Europea (versión consolidada),
en concreto el siguiente apartado:
Título III: Disposiciones sobre las Instituciones**

1. De acuerdo con el Tratado de la Unión Europea, las instituciones mantendrán entre sí:

a) Una coordinación leal.
b) Una cooperación administrativa.
c) Una cooperación leal.
d) Una colaboración institucional.

2. La función legislativa y la función presupuestaria la ejercerá:

a) Exclusivamente el Parlamento.
b) El Parlamento Europeo conjuntamente con el Consejo.
c) El Parlamento Europeo conjuntamente con el Consejo Europeo.
d) El Parlamento Europeo conjuntamente con la Comisión.

3. El Parlamento Europeo estará compuesto por representantes de los ciudadanos de la Unión. Su número no excederá de:

a) Setecientos cincuenta, incluido el Presidente.
b) Setecientos cinco, excluidos el Presidente.
c) Setecientos cincuenta, más el Presidente.
d) Setecientos cinco, incluido el Presidente.

4. Señala qué Institución adoptará una decisión por la que se fije la composición del Parlamento Europeo:

a) El Consejo Europeo por unanimidad, a iniciativa del Parlamento Europeo y con su aprobación.
b) El Consejo de la Unión Europea por unanimidad, a iniciativa del Parlamento Europeo y con su aprobación.

c) El Consejo por mayoría cualificada, a iniciativa del Parlamento Europeo y con su aprobación.

d) El Consejo Europeo por unanimidad, a iniciativa de la Comisión y con su aprobación.

5. Los diputados al Parlamento Europeo serán elegidos por:

a) Sufragio universal, directo, libre y secreto, para un mandato de cuatro años.

b) Sufragio universal, igual, directo, libre y secreto, para un mandato de cinco años.

c) Sufragio universal, directo, libre y secreto, para un mandato de cinco años.

d) Sufragio universal, directo, libre y secreto, para un mandato de seis años.

6. ¿Qué Institución dará a la Unión los impulsos necesarios para su desarrollo y definirá sus orientaciones y prioridades políticas generales?

a) El Consejo Europeo.

b) El Consejo de la Unión Europea.

c) La Comisión.

d) El Parlamento Europeo.

7. El Consejo Europeo estará compuesto por:

a) Los Jefes de Estado y de Gobierno de los Estados miembros, así como por su Presidente y por el Presidente de la Comisión y del Consejo.

b) Los Jefes de Estado o de Gobierno de los Estados miembros, así como por su Presidente y por la mesa del Parlamento.

c) Los Jefes de Estado o de Gobierno de los Estados miembros, así como por su Presidente y por el Presidente de la Comisión.

d) Los Jefes de Estado o de Gobierno de los Estados miembros, así como por su Presidente, por el Presidente del Consejo, por el Presidente de la Comisión y por el Presidente del Banco Central Europeo.

8. El Consejo Europeo se pronunciará, excepto cuando los Tratados dispongan otra cosa por:

a) Consenso.

b) Unanimidad.

c) Mayoría cualificada.

d) Mayoría simple.

9. El Presidente del Consejo Europeo tendrá un mandato de:

a) Dos años y medio máximo.

b) Dos años y medio, renovables por dos años y medio más.

c) Seis años.

d) Cuatro años, renovables por otros cuatro años

10. Estará compuesto por un representante de cada Estado miembro, de rango ministerial:

a) Consejo.
b) Consejo Europeo.
c) Comisión.
d) Comisiones del Parlamento.

11. El Consejo se pronunciará por mayoría, excepto cuando los Tratados dispongan otra cosa por:

a) Mayoría cualificada.
b) Mayoría simple.
c) Consenso.
d) Unanimidad.

12. El Consejo se reunirá en:

a) Direcciones Generales.
b) Formaciones.
c) Comisiones.
d) Comisarías.

13. Promoverá el interés general de la Unión:

a) El Consejo.
b) La Comisión.
c) El Consejo Europeo.
d) El Parlamento Europeo.

14. El mandato de la Comisión será de:

a) Tres años.
b) Cinco años.
c) Seis años.
c) Cuatro años.

15. La Comisión será nombrada por:

a) El Parlamento Europeo por unanimidad.
b) Consejo Europeo por consenso.
c) Los países miembros.
d) El Consejo Europeo, por mayoría cualificada.

16. El Tribunal de Justicia de la Unión Europea comprenderá:

a) El Tribunal de Justicia, el Tribunal General y el Tribunal de la Función Pública.
b) El Tribunal General y los Tribunales especializados.
c) El Tribunal de Justicia, el Tribunal General y los tribunales especializados.
d) El Tribunal de Justicia y el Tribunal General, sin que quepa ningún otro órgano.

17. El Tribunal de Justicia estará compuesto por:

a) Un juez y un abogado general por cada Estado miembro.
b) Un juez por cada Estado miembro y estará asistido por abogados generales.
c) Dos jueces por cada Estado miembro, y estarán asistidos por procuradores generales.
d) Un juez por cada Estado miembro, más su presidente.

18. La Comisión tendrá una responsabilidad colegiada ante:

a) Los Estados miembros.
b) El Parlamento Europeo.
c) El Consejo Europeo.
d) El Tribunal de Justicia.

19. Los actos legislativos de la Unión solo podrán adoptarse a propuesta, excepto cuando los Tratados dispongan otra cosa, de:

a) La Comisión.
b) El Consejo.
c) El Consejo Europeo.
d) El Parlamento.

20. ¿Qué presidencia tiene carácter rotatorio?

a) La Comisión.
b) El Consejo.
c) El Consejo Europeo.
d) El Parlamento.

Solución al test n.º 9

1. c) Una cooperación leal.

2. b) El Parlamento Europeo conjuntamente con el Consejo.

3. c) Setecientos cincuenta, más el Presidente.

4. a) El Consejo Europeo por unanimidad, a iniciativa del Parlamento Europeo y con su aprobación.

5. c) Sufragio universal directo, libre y secreto, para un mandato de cinco años.

6. a) El Consejo Europeo.

7. c) Los Jefes de Estado o de Gobierno de los Estados miembros, así como por su Presidente y por el Presidente de la Comisión.

8. a) Consenso.

9. b) Dos años y medio, renovables por dos años y medio más.

10. a) Consejo.

11. a) Mayoría cualificada.

12. b) Formaciones.

13. b) La Comisión.

14. b) Cinco años.

15. d) El Consejo Europeo, por mayoría cualificada.

16. c) El Tribunal de Justicia, el Tribunal General y los tribunales especializados.

17. b) Un juez por cada Estado miembro y estará asistido por abogados generales.

18. b) El Parlamento Europeo.

19. a) La Comisión.

20. b) El Consejo.

TEST N.º 10

El Reglamento del Parlamento de Navarra, en concreto los siguientes apartados: Título I: De la constitución del Parlamento de Navarra. Título II: De las Parlamentarias y los Parlamentarios Forales. Título III: De los Grupos Parlamentarios

1. El Reglamento del Parlamento de Navarra fue aprobado por Acuerdo del Pleno del:

a) 7 de mayo de 2022.
b) 21 de junio de 2022.
c) 30 de marzo de 2023.
d) 16 de marzo de 2023.

2. ¿En qué fecha se publicó el Reglamento del Parlamento de Navarra en el Boletín Oficial del Parlamento de Navarra?

a) En el número 76 de 14 de abril de 2023.
b) En el número 63 de 15 de abril de 2023.
c) En el número 44 de 10 de abril de 2023.
d) En el número 54 de 17 de marzo de 2023.

3. ¿De cuántos artículos consta el Reglamento del Parlamento de Navarra?

a) De 244 artículos.
b) De 245 artículos.
c) De 255 artículos.
d) De 256 artículos.

4. El Reglamento del Parlamento de Navarra se compone de:

a) Un Preámbulo, veinte títulos, siete Disposiciones Adicionales, una única Disposición Derogatoria y una Disposición Final.
b) Un Preámbulo, veinte títulos, seis Disposiciones Adicionales, una única Disposición Derogatoria y una Disposición Final.

c) Un Preámbulo, dieciocho títulos, seis Disposiciones Adicionales, una única Disposición Derogatoria y una Disposición Final.

d) Un Preámbulo, dieciocho títulos, siete Disposiciones Adicionales, una única Disposición Derogatoria y una Disposición Final.

5. ¿Qué título del Reglamento del Parlamento de Navarra se denomina "De la constitución del Parlamento de Navarra"?

a) El Título I.
b) El Título II.
c) El Título III.
d) El Título V.

6. ¿De cuántos artículos se compone el Título I del Reglamento del Parlamento de Navarra?

a) De quince.
b) De trece.
c) De doce.
d) De diez.

7. ¿Cuándo se reunirán las Parlamentarias y los Parlamentarios Forales electos en el Salón de Plenos del Parlamento para celebrar la sesión constitutiva de la Cámara?

a) En el día y hora señalados en la correspondiente convocatoria electoral o, en su defecto, a las doce horas del tercer sábado siguiente a la proclamación por el órgano electoral competente.

b) En el día y hora señalados en la correspondiente convocatoria electoral o, en su defecto, a las once horas del tercer sábado siguiente a la proclamación por el órgano electoral competente.

c) En el día y hora señalados en la correspondiente convocatoria electoral o, en su defecto, a las diez horas del tercer sábado siguiente a la proclamación por el órgano electoral competente.

d) En el día y hora señalados en la correspondiente convocatoria electoral o, en su defecto, a las nueve horas del tercer sábado siguiente a la proclamación por el órgano electoral competente.

8. A tenor de lo dispuesto en el art. 3 del Reglamento del Parlamento de Navarra, ¿quién presidirá inicialmente la sesión constitutiva?

a) El Letrado o Letrada Mayor.
b) El Secretario o la Secretaria General del Parlamento.
c) El Parlamentario o Parlamentaria electa presente de mayor edad.
d) El Parlamentario o Parlamentaria electa presente de menor edad.

9. Quien presida la Mesa de Edad prestará y solicitará del Secretario y la Secretaria y, posteriormente, de las demás Parlamentarias y Parlamentarios electos el juramento o promesa de:

a) Acatar la Constitución y las leyes.
b) Cumplir fielmente las obligaciones propias de su cargo.
c) Respetar en todo momento el régimen foral de Navarra.
d) Todas las respuestas son correctas.

10. Integran la Mesa del Parlamento de Navarra:

a) Una Presidencia, una Vicepresidencia y dos Secretarías.
b) Una Presidencia, una Vicepresidencia y una Secretaría.
c) Una Presidencia, dos Vicepresidencias y dos Secretarías.
d) Una Presidencia, dos Vicepresidencias y tres Secretarías.

11. ¿Transcurrido qué plazo sin haberse presentado la solicitud de celebración de una nueva elección de las y los miembros de la Mesa, esta adquirirá el carácter de definitiva?

a) Diez días hábiles.
b) Diez días naturales.
c) Siete días hábiles.
d) Siete días naturales.

12. Señala la respuesta incorrecta respecto a la elección de la Presidenta o Presidente del Parlamento de Navarra:

a) La elección será precedida de un periodo de suspensión de la sesión, durante el cual los Parlamentarios y Parlamentarias Forales podrán presentar candidaturas, mediante escrito dirigido a la Mesa de Edad.
b) La Presidencia será elegida mediante votación secreta por papeletas.
c) Los votos en blanco serán considerados nulos.
d) Cada Parlamentario o Parlamentaria Foral podrá escribir en su papeleta el nombre de una sola de las candidaturas proclamadas.

13. Señala la respuesta incorrecta:

a) Los empates en la elección de las Secretarías se dirimirán en favor de la candidatura de mayor edad.
b) Los empates en la elección de las Vicepresidencias se dirimirán a favor de la candidatura de mayor edad.
c) Para la elección de las dos Vicepresidencias, las Parlamentarias y Parlamentarios podrán presentar a la Mesa varias candidaturas cerradas compuestas necesariamente por dos personas de diferente sexo.
d) Resultará elegida para la Vicepresidencia primera la persona de la candidatura más votada de sexo diferente al de la Presidencia de la Mesa.

14. ¿A quién dispone el art. 12 del Reglamento del Parlamento de Navarra que habrá que comunicar la constitución del Parlamento de Navarra?

a) Al Rey.
b) A la Presidencia del Gobierno de la Nación.
c) A la Presidencia de la Diputación Foral y a las Presidencias del Congreso de los Diputados y del Senado.
d) Todas las respuestas son correctas.

15. ¿Qué título del Reglamento del Parlamento de Navarra se denomina "De las Parlamentarias y los Parlamentarios Forales"?

a) El Título II.
b) El Título III.
c) El Título IV.
d) El Título V.

16. ¿De cuántos capítulos consta el título "De las Parlamentarias y los Parlamentarios Forales"?

a) De ocho.
b) De seis.
c) De cinco.
d) De cuatro.

17. Los Parlamentarios y Parlamentarias Forales tienen derecho a acceder y a consultar el Registro de actividades e intereses de las y los miembros del Gobierno de Navarra y de los altos cargos de la Administración de la Comunidad Foral en la parte referida a las declaraciones de actividades. La petición para la consulta se dirigirá, por conducto de la Presidencia del Parlamento, al órgano competente de la Administración de la Comunidad Foral, y deberá ser atendida en un plazo no superior a:

a) Cinco días.
b) Cuatro días.
c) Tres días.
d) Dos días.

18. ¿En qué modalidad de asignación las Parlamentarias y Parlamentarios Forales estarán sujetos al régimen de incompatibilidades económicas establecido para los altos cargos de la Administración de la Comunidad Foral de Navarra?

a) En la retribución fija y periódica sin régimen de dedicación absoluta.
b) En la retribución por asistencias.
c) En la retribución permanente y exclusiva con régimen de dedicación absoluta.
d) En la retribución fija y periódica con régimen de dedicación absoluta.

19. ¿Quién fija las cuantías de cada una de las modalidades de asignación económica y de las ayudas e indemnizaciones por gastos que procedan de las Parlamentarias y Parlamentarios Forales?

a) La Presidencia del Parlamento.
b) El Secretario o la Secretaria General del Parlamento.
c) La Mesa del Parlamento de Navarra.
d) La Junta de Portavoces.

20. ¿Cuándo se publica en el Boletín Oficial del Parlamento de Navarra las retribuciones percibidas por las Parlamentarias y Parlamentarios Forales durante el año anterior, cualquiera que fuese la modalidad elegida?

a) En el mes de enero de cada año.
b) El 31 de diciembre de cada año.
c) El 30 de junio de cada año.
d) El 1 de julio de cada año.

21. A tenor del art. 25 del Reglamento del Parlamento de Navarra las Parlamentarias y Parlamentarios Forales deben ejercer su cargo de acuerdo con los principios de:

a) Integridad, lealtad, transparencia, diligencia, austeridad, actuación desinteresada, responsabilidad y respeto a la ciudadanía y a la institución parlamentaria.
b) Integridad, lealtad, transparencia, diligencia, buena fe, objetividad, actuación desinteresada, responsabilidad y respeto a la ciudadanía y a la institución parlamentaria.
c) Integridad, lealtad, transparencia, diligencia, buena fe, actuación desinteresada, responsabilidad y respeto a la ciudadanía y a la institución parlamentaria.
d) Integridad, honestidad, transparencia, diligencia, austeridad, actuación desinteresada, responsabilidad y respeto a la ciudadanía y a la institución parlamentaria.

22. Según establece el art. 26 del Reglamento del Parlamento de Navarra, ¿a quién corresponde elaborar y aprobar un código de conducta de las Parlamentarias y Parlamentarios Forales?

a) A la Presidencia del Parlamento.
b) A la Mesa del Parlamento de Navarra.
c) A la Mesa de Edad.
d) A la Comisión de Reglamento.

23. La información relativa a las actividades y bienes de los Parlamentarios y Parlamentarias Forales es pública y debe publicarse en la página web del Parlamento de Navarra en los términos y condiciones que determine la Mesa de la Cámara, en el plazo de:

a) Seis meses.
b) Cuatro meses.

c) Tres meses.
d) Dos meses.

24. ¿Transcurrido cuánto tiempo desde la pérdida de la condición de Parlamentaria o Parlamentario, las declaraciones de actividades y de bienes patrimoniales deben ser destruidas?

a) Transcurridos dos años.
b) Transcurrido un año.
c) Transcurridos nueve meses.
d) Transcurridos seis meses.

25. Señala por cuál de las siguientes causas no se pierde la condición de Parlamentario o Parlamentaria Foral:

a) Por fallecimiento o incapacitación, declarada esta por decisión judicial firme.
b) Por renuncia ante la Presidencia del Parlamento de Navarra.
c) Por decisión judicial firme que anule la elección o proclamación.
d) Por condena a pena de inhabilitación absoluta o especial para cargo público, establecida por sentencia judicial firme.

Solución al test n.º 10

1. d) 16 de marzo de 2023.

2. a) En el número 76 de 14 de abril de 2023.

3. c) De 255 artículos.

4. b) Un Preámbulo, veinte títulos, seis Disposiciones Adicionales, una única Disposición Derogatoria y una Disposición Final.

5. a) El Título I.

6. c) De doce.

7. b) En el día y hora señalados en la correspondiente convocatoria electoral o, en su defecto, a las once horas del tercer sábado siguiente a la proclamación por el órgano electoral competente.

8. c) El Parlamentario o Parlamentaria electa presente de mayor edad.

9. d) Todas las respuestas son correctas.

10. c) Una Presidencia, dos Vicepresidencias y dos Secretarías.

11. a) Diez días hábiles.

12. c) Los votos en blanco serán considerados nulos.

13. a) Los empates en la elección de las Secretarías se dirimirán en favor de la candidatura de mayor edad.

14. d) Todas las respuestas son correctas.

15. a) El Título II.

16. d) De cuatro.

17. a) Cinco días.

18. d) En la retribución fija y periódica con régimen de dedicación absoluta.

19. c) La Mesa del Parlamento de Navarra.

20. a) En el mes de enero de cada año.

21. d) Integridad, honestidad, transparencia, diligencia, austeridad, actuación desinteresada, responsabilidad y respeto a la ciudadanía y a la institución parlamentaria.

22. d) A la Comisión de Reglamento.

23. d) Dos meses.

24. a) Transcurridos dos años.

25. b) Por renuncia ante la Presidencia del Parlamento de Navarra.

TEST N.º 11

El Reglamento del Parlamento de Navarra, en concreto el siguiente apartado: Título IV: De la organización del Parlamento de Navarra

1. ¿Qué título del Reglamento del Parlamento de Navarra se denomina "De la organización del Parlamento de Navarra"?

a) El Título III.
b) El Título IV.
c) El Título V.
d) El Título VI.

2. ¿De cuántos capítulos consta el título del Reglamento del Parlamento de Navarra denominado "De la organización del Parlamento de Navarra"?

a) De ocho.
b) De siete.
c) De seis.
d) De cuatro.

3. ¿Quién aprueba el anteproyecto del Presupuesto del Parlamento de Navarra?

a) La Presidencia del Parlamento.
b) El Pleno.
c) La Mesa.
d) La Junta de Portavoces.

4. La Presidencia de la Cámara y los y las restantes miembros de la Mesa cesarán en su condición:

a) Por el cese o remoción del cargo acordado por el Pleno de la Cámara por mayoría de dos quintos de las y los miembros que integran la misma.
b) Por la renuncia al cargo.
c) Por la pérdida de la condición de Parlamentaria o Parlamentario Foral.
d) Las respuestas b) y c) son correctas.

5. Las vacantes que se produzcan en la Mesa durante la legislatura serán cubiertas por elección del Pleno en el plazo de:

a) Un mes siguiente a su notificación a la Presidencia.
b) Veinte días siguientes a su notificación a la Presidencia.
c) Quince días siguientes a su notificación a la Presidencia.
d) Diez días siguientes a su notificación a la Presidencia.

6. A tenor del art. 43 del Reglamento del Parlamento de Navarra las sesiones de la Mesa serán convocadas por la Presidencia, por propia iniciativa o a solicitud de, al menos:

a) Un miembro de la misma.
b) Cinco miembros de la misma.
c) Tres miembros de la misma.
d) Dos miembros de la misma.

7. La Mesa califica, con arreglo al Reglamento del Parlamento de Navarra, los escritos y documentos de índole parlamentaria, así como declara la admisibilidad o inadmisibilidad de los mismos, previa audiencia de:

a) El Letrado o Letrada Mayor.
b) La Presidencia del Parlamento.
c) El Secretario o la Secretaria General del Parlamento.
d) La Junta de Portavoces.

8. ¿Quién redacta el acta de las sesiones y cuidará de la ejecución de los acuerdos adoptados por la Mesa?

a) La Letrada o Letrado Mayor del Parlamento.
b) El Secretario o la Secretaria General del Parlamento.
c) La Presidencia del Parlamento.
d) La Junta de Portavoces.

9. Corresponde a la Presidencia cumplir y hacer cumplir el Reglamento del Parlamento de Navarra, así como interpretarlo en los casos de duda. En los supuestos en que haya de dictar resoluciones supletorias por existir lagunas jurídicas, necesitará el previo acuerdo vinculante de:

a) El Secretario o la Secretaria General del Parlamento.
b) La Junta de Portavoces.
c) La Letrada o Letrado Mayor del Parlamento.
d) Ninguna respuesta es correcta.

10. Las y los Portavoces de los Grupos Parlamentarios constituyen la Junta de Portavoces, que se reunirá siempre bajo la Presidencia de la Cámara, quien la convocará por propia iniciativa, a solicitud de, al menos:

a) Tres Grupos Parlamentarios o de una quinta parte de las y los miembros de la Cámara.
b) Dos Grupos Parlamentarios o de una quinta parte de las y los miembros de la Cámara.
c) Dos Grupos Parlamentarios o de dos quintas parte de las y los miembros de la Cámara.
d) Tres Grupos Parlamentarios o de dos quintas parte de las y los miembros de la Cámara.

11. ¿Quién aprueba el Proyecto de Presupuesto del Parlamento de Navarra?

a) La Presidencia del Parlamento.
b) El Pleno.
c) La Mesa.
d) La Junta de Portavoces.

12. La Junta de Portavoces es informada de los acuerdos adoptados por la Mesa:

a) Trimestralmente.
b) Mensualmente.
c) Semanalmente.
d) Diariamente.

13. ¿Con qué periodicidad es informada la Junta de Portavoces por la Mesa del estado de las Cuentas del Parlamento Foral?

a) Semestralmente.
b) Trimestralmente.
c) Cada dos meses.
d) Mensualmente.

14. Los Grupos Parlamentarios pueden sustituir a sus miembros adscritos a una Comisión por otra u otras personas del mismo Grupo, previa comunicación por escrito a:

a) La Presidencia del Parlamento.
b) El Secretario o la Secretaria General del Parlamento.
c) La Junta de Portavoces.
d) La Mesa de la Cámara.

15. Las sesiones de las Comisiones son convocadas por:

a) La Presidencia del Parlamento.
b) La Mesa de la Cámara.
c) La Junta de Portavoces.
d) El Secretario o la Secretaria General del Parlamento.

16. ¿A quién solicitarán los Grupos Parlamentarios, las Agrupaciones de Parlamentarios y Parlamentarias Forales y los Parlamentarios y Parlamentarias Forales la realización de visitas a aquellos lugares, centros y dotaciones públicos o privados que se estimen necesarias para obtener información sobre asuntos de interés público?

a) A la Presidencia del Parlamento.
b) A la Mesa de la Cámara.
c) A la Junta de Portavoces.
d) Al Secretario o Secretaria General del Parlamento.

17. Excepto en aquellos casos en que el Reglamento del Parlamento de Navarra imponga un plazo distinto o la Mesa de la Cámara, atendidas las circunstancias excepcionales que puedan concurrir, acuerde ampliarlo o reducirlo, las Comisiones deberán concluir la tramitación de cualquier asunto en un plazo máximo de:

a) Seis meses.
b) Tres meses.
c) Dos meses.
d) Un mes.

18. Las Comisiones legislativas previstas en el Reglamento del Parlamento de Navarra deberán constituirse:

a) Dentro de los seis meses siguientes a la sesión constitutiva del Parlamento.
b) Dentro de los tres meses siguientes a la sesión constitutiva del Parlamento.
c) Dentro de los dos meses siguientes a la sesión constitutiva del Parlamento.
d) Dentro de los treinta días siguientes a la sesión constitutiva del Parlamento.

19. Tanto la propuesta como el acuerdo de creación de Comisiones específicas deben determinar como mínimo:

a) El plazo para cerrar los trabajos de la Comisión y la posibilidad de entregar informes provisionales al final de cada periodo de sesiones.
b) El tipo y la composición de la Comisión que se crea.
c) La posibilidad de incorporar especialistas o personal técnico para que participen en los trabajos y asistan a las reuniones con voz pero sin voto.
d) Todas las respuestas son correctas.

20. El Pleno del Parlamento podrá acordar la creación de una Comisión de Investigación sobre cualquier asunto de interés público dentro del ámbito de las competencias de la Comunidad Foral de Navarra, a propuesta de:

a) La Diputación Foral.
b) Un Grupo Parlamentario.

c) La sexta parte de las y los miembros de la Cámara.
d) Todas las respuestas son correctas.

21. Las Comisiones de Investigación elaborarán un plan de trabajo y podrán nombrar Ponencias en su seno y requerir la presencia, por conducto de la Presidencia del Parlamento, de cualquier persona para ser oída. Los extremos sobre los que deba informar la persona requerida deberán serle comunicados con una antelación mínima de:

a) Una semana.
b) Cinco días.
c) Tres días.
d) Dos días.

22. La notificación del requerimiento para comparecer ante la Comisión de Investigación deberá efectuarse:

a) Un mes antes de la fecha de la comparecencia, salvo que la Comisión acuerde su urgencia, en cuyo caso el plazo será de diez días.
b) Veinte días antes de la fecha de la comparecencia, salvo que la Comisión acuerde su urgencia, en cuyo caso el plazo será de siete días.
c) Veinte días antes de la fecha de la comparecencia, salvo que la Comisión acuerde su urgencia, en cuyo caso el plazo será de cinco días.
d) Quince días antes de la fecha de la comparecencia, salvo que la Comisión acuerde su urgencia, en cuyo caso el plazo será de cinco días.

23. A efectos de sustanciar la responsabilidad penal que pueda corresponderle, si la persona convocada ante la Comisión de Investigación desatendiera voluntariamente el requerimiento de comparecer ante una Comisión de Investigación, la Mesa del Parlamento deberá dar cuenta de ello a:

a) La autoridad judicial.
b) El Ministerio Fiscal.
c) Las Fuerzas y Cuerpos de Seguridad.
d) El Congreso de los Diputados.

24. Señala la respuesta incorrecta respecto a la Comisión Permanente:

a) Ningún Parlamentario o Parlamentaria miembro del Gobierno podrá ser miembro de la Comisión Permanente.
b) Está presidida por la Presidencia del Parlamento.
c) Pueden asistir a sus sesiones los miembros del Gobierno con voz y voto.
d) Adopta sus decisiones por el sistema de voto ponderado expresado por las y los miembros de la Junta de Portavoces.

25. Según el Reglamento del Parlamento de Navarra, ¿quién ostenta la titularidad de la Secretaría General de la Cámara?

a) La Presidencia del Parlamento.
b) La Junta de Portavoces.
c) La Letrada o Letrado Mayor del Parlamento.
d) Ninguna respuesta es correcta.

Solución al test n.º 11

1. b) El Título IV.

2. c) De seis.

3. c) La Mesa.

4. d) Las respuestas b) y c) son correctas.

5. c) Quince días siguientes a su notificación a la Presidencia.

6. d) Dos miembros de la misma.

7. d) La Junta de Portavoces.

8. a) La Letrada o Letrado Mayor del Parlamento.

9. b) La Junta de Portavoces.

10. b) Dos Grupos Parlamentarios o de una quinta parte de las y los miembros de la Cámara.

11. d) La Junta de Portavoces.

12. c) Semanalmente.

13. b) Trimestralmente.

14. d) La Mesa de la Cámara.

15. a) La Presidencia del Parlamento.

16. b) A la Mesa de la Cámara.

17. c) Dos meses.

18. d) Dentro de los treinta días siguientes a la sesión constitutiva del Parlamento.

19. d) Todas las respuestas son correctas.

20. a) La Diputación Foral.

21. c) Tres días.

22. d) Quince días antes de la fecha de la comparecencia, salvo que la Comisión acuerde su urgencia, en cuyo caso el plazo será de cinco días.

23. b) El Ministerio Fiscal.

24. c) Pueden asistir a sus sesiones los miembros del Gobierno con voz y voto.

25. c) La Letrada o Letrado Mayor del Parlamento.

TEST N.º 12

El Reglamento del Parlamento de Navarra, en concreto el siguiente apartado: Título V: De las normas generales de funcionamiento

1. ¿Qué título del Reglamento del Parlamento de Navarra lleva por nombre "De las normas generales de funcionamiento"?

a) El Título IV.
b) El Título V.
c) El Título VI.
d) El Título VIII.

2. ¿De cuántos capítulos consta el título del Reglamento del Parlamento de Navarra denominado "De las normas generales de funcionamiento"?

a) Diez.
b) Once.
c) Doce.
d) Catorce.

3. ¿En cuántas sesiones ordinarias se reúne el Parlamento de Navarra según su Reglamento?

a) Cinco.
b) Cuatro.
c) Tres.
d) Dos.

4. Cuando, de forma reiterada o notoria dejara de asistir voluntariamente a las sesiones del Pleno o de las Comisiones, constituye una infracción de carácter:

a) Muy grave.
b) Grave.
c) Menos grave.
d) Leve.

5. ¿A quién le corresponde acordar la celebración de sesiones plenarias y de comisiones de manera no presencial o mixta?

a) A la Mesa del Parlamento.
b) A la Junta de Portavoces.
c) Al Secretario o Secretaria General del Parlamento.
d) A la Presidencia del Parlamento.

6. ¿Con cuántos días hábiles de antelación a la fecha prevista para realizar la sesión serán remitidas las convocatorias a las Parlamentarias y Parlamentarios Forales?

a) Diez días.
b) Cinco días.
c) Tres días.
d) Dos días.

7. En todo debate, el Grupo Parlamentario o Parlamentaria o Parlamentario Foral que hubiese formulado la correspondiente proposición, enmienda, voto particular o iniciativa dispondrá, tras los turnos a favor y en contra, de un turno de réplica, cuya duración no excederá de:

a) Quince minutos.
b) Diez minutos.
c) Cinco minutos.
d) Tres minutos.

8. Señala la respuesta incorrecta respecto a la publicidad de las sesiones del Pleno:

a) Las sesiones a las que puedan asistir los medios de comunicación podrán ser transmitidas por medios audiovisuales.
b) En todo caso podrán asistir a las Comisiones legislativas representantes, con la debida acreditación, de los medios de comunicación social.
c) Concluida una sesión de las calificadas como secretas, la Presidencia del Parlamento o de la Comisión podrá facilitar a los medios de comunicación una referencia de los acuerdos.
d) Las sesiones del Pleno serán públicas cuando a juicio de la Mesa y oída la Junta de Portavoces se trate en una sesión de cuestiones concernientes al decoro de la Cámara, de sus miembros o de la suspensión de algún Parlamentario o Parlamentaria Foral.

9. A las sesiones de los órganos del Parlamento asistirán, en cualquier caso, el personal empleado y el personal funcionario al servicio de la Cámara que a tal fin se designe por:

a) La Mesa del Parlamento.
b) El Letrado o Letrada Mayor.

c) El Secretario o Secretaria General del Parlamento.
d) La Presidencia del Parlamento.

10. ¿Quién fija el orden del día de las sesiones del Pleno y de las Comisiones legislativas o específicas?

a) La Presidencia de la Cámara.
b) El Secretario o Secretaria General del Parlamento.
c) La Mesa del Parlamento.
d) La Junta de Portavoces.

11. El orden del día de cualquier órgano parlamentario puede ser alterado por acuerdo de la mayoría absoluta de sus miembros, a propuesta de:

a) Una quinta parte de las y los miembros del Parlamento.
b) Dos Grupos Parlamentarios.
c) La Presidencia.
d) Todas las respuestas son correctas.

12. Señala la respuesta incorrecta respecto a las normas generales sobre las intervenciones:

a) Transcurrido el tiempo establecido, la Presidencia, tras indicar tres veces a quien tenga el uso de la palabra que concluya, le retirará la palabra.
b) Las Parlamentarias y Parlamentarios Forales harán uso de la palabra desde la tribuna, salvo expresa autorización de la Presidencia.
c) Ningún Parlamentario o Parlamentaria Foral podrá hacer uso de la palabra sin haberla pedido y obtenido previamente de la Presidencia.
d) Las intervenciones en las Comisiones y las correspondientes a las preguntas orales se harán desde el escaño.

13. Cuando, a juicio de la Presidencia, en el desarrollo de los debates se hicieren alusiones que impliquen juicio de valor o inexactitudes sobre la persona o la conducta de un Parlamentario o Parlamentaria Foral, concederá a la persona aludida el uso de la palabra, para que, sin entrar en el fondo del asunto del debate, conteste estrictamente a las manifestaciones realizadas, por tiempo no superior a:

a) Diez minutos.
b) Cinco minutos.
c) Tres minutos.
d) Dos minutos.

14. En los debates de totalidad, la duración de las intervenciones no será superior a:

a) Veinte minutos.
b) Quince minutos.

c) Diez minutos.
d) Cinco minutos.

15. Convocada una sesión que no hubiera llegado a iniciarse, la anulación de la convocatoria, que obedecerá siempre a razones extraordinarias, corresponde a:

a) La Presidencia del Parlamento.
b) La Mesa del Parlamento.
c) La Junta de Portavoces.
d) El Letrado o Letrada Mayor del Parlamento Foral.

16. A tenor del art. 108 del Reglamento del Parlamento de Navarra la votación podrá ser:

a) Pública por llamamiento.
b) Ordinaria.
c) Por asentimiento a la propuesta de la Presidencia.
d) Todas las respuestas son correctas.

17. ¿Cuándo podrá ser secreta la votación en los procedimientos legislativos?

a) Cuando lo soliciten dos Grupos Parlamentarios.
b) Cuando así lo exija el Reglamento del Parlamento de Navarra.
c) Cuando lo solicite una quinta parte de los Parlamentarios y Parlamentarias.
d) En ningún caso.

18. Señala la respuesta incorrecta respecto a la votación nominal por llamamiento:

a) El llamamiento se realizará por orden alfabético de primer apellido.
b) Las y los miembros del Gobierno de Navarra o Diputación Foral que sean Parlamentarios o Parlamentarias Forales, así como la Mesa, votarán en primer lugar.
c) En la votación pública por llamamiento, una Secretaria nombrará a las Parlamentarias y Parlamentarios Forales para la votación.
d) Las Parlamentarias y Parlamentarios Forales responderán en su votación "sí", "no" o "abstención".

19. Realizada una votación sobre una cuestión que no haya sido precedida de debate, la Presidencia podrá conceder a cada Grupo Parlamentario un turno de explicación de voto por un tiempo de:

a) Diez minutos.
b) Cinco minutos.
c) Tres minutos.
d) Dos minutos.

20. Se entenderán aprobadas las actas en el caso de que no se produzca reclamación sobre su contenido:

a) Dentro del mes siguiente a la finalización de la sesión.
b) Dentro de los veinte días siguientes a la finalización de la sesión.
c) Dentro de los quince días siguientes a la finalización de la sesión.
d) Dentro de los diez días siguientes a la finalización de la sesión.

21. La falsedad u ocultación de datos relevantes por su importancia económica o trascendencia social en las declaraciones de actividades y bienes, constituye una infracción de carácter:

a) Muy grave.
b) Grave.
c) Menos grave.
d) Leve.

22. La no presentación de la declaración de actividades y de bienes, una vez requerida la persona interesada para su cumplimentación, constituye una infracción de carácter:

a) Muy grave.
b) Grave.
c) Menos grave.
d) Leve.

23. La no subsanación de los errores u omisiones en las declaraciones presentadas, una vez instada a ello la persona interesada, constituye una infracción de carácter:

a) Muy grave.
b) Grave.
c) Menos grave.
d) Leve.

24. ¿Quién podrá acordar la habilitación de los días necesarios para cumplimentar los trámites que posibiliten la celebración de una sesión extraordinaria?

a) La Junta de Portavoces.
b) La Presidencia del Parlamento.
c) El Secretario o la Secretaria General del Parlamento.
d) La Mesa de la Cámara.

25. Cuando profiriera palabras, mostrara imágenes o grafismos o vertiera conceptos ofensivos al decoro de la Cámara o de sus miembros, de las instituciones o de cualquiera otra persona o entidad, se cometería una infracción de carácter:

a) Muy grave.
b) Grave.
c) Menos grave.
d) Leve.

Solución al test n.º 12

1. b) El Título V.

2. a) Diez.

3. d) Dos.

4. b) Grave.

5. a) A la Mesa del Parlamento.

6. c) Tres días.

7. c) Cinco minutos.

8. b) En todo caso podrán asistir a las Comisiones legislativas representantes, con la debida acreditación, de los medios de comunicación social.

9. b) El Letrado o Letrada Mayor.

10. a) La Presidencia de la Cámara.

11. d) Todas las respuestas son correctas.

12. a) Transcurrido el tiempo establecido, la Presidencia, tras indicar tres veces a quien tenga el uso de la palabra que concluya, le retirará la palabra.

13. c) Tres minutos.

14. b) Quince minutos.

15. a) La Presidencia del Parlamento.

16. d) Todas las respuestas son correctas.

17. d) En ningún caso.

18. b) Las y los miembros del Gobierno de Navarra o Diputación Foral que sean Parlamentarios o Parlamentarias Forales, así como la Mesa, votarán en primer lugar.

19. b) Cinco minutos.

20. d) Dentro de los diez días siguientes a la finalización de la sesión.

21. a) Muy grave.

22. b) Grave.

23. b) Grave.

24. d) La Mesa de la Cámara.

25. d) Leve.

TEST N.º 13

El Reglamento del Parlamento de Navarra, en concreto los siguientes apartados: Título VI: Del procedimiento legislativo. Título VII: De la reforma de la Ley Orgánica de Reintegración y Amejoramiento del Régimen Foral de Navarra

1. ¿Qué título del Reglamento del Parlamento de Navarra lleva por nombre "Del procedimiento legislativo"?

a) El Título VI.
b) El Título VII.
c) El Título VIII.
d) El Título X.

2. ¿En cuántos capítulos se estructura el título del Reglamento del Parlamento de Navarra denominado "Del procedimiento legislativo"?

a) Siete.
b) Seis.
c) Cinco.
d) Cuatro.

3. ¿A quién corresponde la iniciativa legislativa ante el Parlamento de Navarra?

a) A los Ayuntamientos.
b) A la Diputación Foral.
c) A la ciudadanía y a los Parlamentarios y Parlamentarias Forales.
d) Todas las respuestas son correctas.

4. ¿A quién le corresponde decidir sobre la admisión a trámite de los proyectos de ley foral?

a) Al Secretario o Secretaria General del Parlamento.
b) A la Mesa del Parlamento.

c) A la Junta de Portavoces.
d) A la Presidencia del Parlamento.

5. Publicado un proyecto de ley foral en el Boletín Oficial del Parlamento, se abrirá un plazo mínimo para que los Grupos Parlamentarios y los Parlamentarios y Parlamentarias Forales, a título individual, puedan formular enmiendas al mismo. ¿De cuántos días?

a) De quince días hábiles.
b) De diez días hábiles.
c) De siete días hábiles.
d) De siete días naturales.

6. ¿Cómo podrán ser las enmiendas al articulado?

a) De adición.
b) De supresión.
c) De modificación.
d) Todas las respuestas son correctas.

7. Respecto a las enmiendas con efectos presupuestarios, la Mesa de la Comisión correspondiente o, en su caso, la Ponencia encargada de redactar el informe remitirá a la Diputación Foral, por conducto de la Presidencia del Parlamento, las que supongan dicho aumento o disminución. La Diputación Foral deberá dar respuesta razonada en el plazo de:

a) Diez días.
b) Ocho días.
c) Siete días.
d) Cinco días.

8. La discrepancia entre la Mesa de la Comisión y la Diputación Foral sobre las enmiendas con efectos presupuestarios, respecto a la implicación presupuestaria de las enmiendas, será resuelta por:

a) La Junta de Portavoces.
b) El Pleno.
c) La Presidencia del Parlamento.
d) El Secretario o Secretaria General del Parlamento.

9. Los acuerdos de la Mesa de la Comisión que inadmitan a trámite enmiendas podrán ser recurridos:

a) Dentro de los diez días siguientes a su notificación ante la Junta de Portavoces.
b) Dentro de los siete días siguientes a su notificación ante la Junta de Portavoces.
c) Dentro de los cinco días siguientes a su notificación ante la Junta de Portavoces.
d) Dentro de los tres días siguientes a su notificación ante la Junta de Portavoces.

10. El debate de totalidad comenzará por la presentación que del proyecto haga cualquier miembro del Gobierno, por un tiempo de:

a) Treinta minutos.
b) Veinte minutos.
c) Quince minutos.
d) Diez minutos.

11. Finalizado el debate de totalidad, si lo hubiere, y en todo caso el plazo de presentación de enmiendas, la Comisión podrá acordar la formación de una Ponencia, para que, a la vista del texto y de las enmiendas presentadas al articulado, redacte un informe en el plazo máximo de:

a) Tres meses.
b) Un mes.
c) Veinte días.
d) Quince días.

12. Una vez aprobado el texto definitivo de la ley foral de que se trate, ¿quién ordenará su inmediata publicación en el Boletín Oficial del Parlamento de Navarra y su remisión a la Presidencia del Gobierno de la Comunidad Foral, a los efectos previstos en el artículo 22 de la Ley Orgánica de Reintegración y Amejoramiento del Régimen Foral de Navarra?

a) La Presidencia.
b) El Secretario o Secretaria General del Parlamento.
c) La Letrada o Letrado Mayor del Parlamento.
d) La Junta de Portavoces.

13. Ejercitada la iniciativa, la Mesa del Parlamento decidirá, previa audiencia de la Junta de Portavoces, sobre su admisión a trámite y ordenará la publicación de la proposición de ley foral y su remisión a la Diputación Foral para que manifieste su criterio respecto a la toma en consideración en el plazo de:

a) Un mes desde su publicación en el Boletín Oficial de la Cámara.
b) Veinte días desde su publicación en el Boletín Oficial de la Cámara.
c) Quince días desde su publicación en el Boletín Oficial de la Cámara.
d) Diez días desde su publicación en el Boletín Oficial de la Cámara.

14. ¿Quién examinará las proposiciones de ley foral de los Ayuntamientos y las de iniciativa popular al objeto de verificar el cumplimiento de los requisitos establecidos en el artículo 19 de la Ley Orgánica de Reintegración y Amejoramiento del Régimen Foral de Navarra y en las leyes forales que lo desarrollan?

a) La Presidencia del Parlamento Foral.
b) La Letrada o Letrado Mayor del Parlamento.

c) La Junta de Portavoces.
d) La Mesa de la Cámara.

15. Recibido el proyecto de Ley Foral sobre las Cuentas Generales, la Mesa lo remitirá, a los efectos de su examen y censura, a:

a) La Diputación Foral.
b) La Letrada o Letrado Mayor del Parlamento.
c) La Cámara de Comptos.
d) El Secretario o Secretaria General del Parlamento.

16. ¿Transcurrido cuánto tiempo desde la fecha de publicación del dictamen emitido por la Cámara de Comptos en el Boletín Oficial de la Cámara, la Mesa, previa audiencia de la Junta de Portavoces, podrá disponer que la tramitación del proyecto de Ley Foral sobre las Cuentas Generales de Navarra se realice en lectura única ante el Pleno de la Cámara, o bien por el procedimiento legislativo ordinario?

a) Veinte días.
b) Quince días.
c) Diez días.
d) Siete días.

17. ¿Quién puede acordar, cuando la naturaleza de un proyecto o de una proposición de ley foral lo aconseje o su simplicidad de formulación lo permita, que el citado proyecto o proposición se tramite directamente y en lectura única ante el Pleno de la Cámara?

a) La Mesa de la Cámara.
b) La Junta de Portavoces.
c) El Secretario o Secretaria General del Parlamento.
d) La Letrada o Letrado Mayor del Parlamento.

18. ¿Quién puede reclamar en cualquier momento el debate y votación de cualquier proyecto o proposición de ley foral que hubiese sido objeto de delegación?

a) La Presidencia del Parlamento Foral.
b) La Mesa de la Cámara.
c) El Pleno.
d) La Junta de Portavoces.

19. De conformidad con lo establecido en el artículo 21 bis de la Ley Orgánica de Reintegración y Amejoramiento del Régimen Foral de Navarra, el debate y votación sobre la convalidación o derogación de un decreto-ley foral se realizará en el Pleno de la Cámara o, en su caso, en la Comisión Permanente, antes de transcurridos:

a) Los treinta días siguientes a su promulgación.
b) Los veinte días siguientes a su promulgación.

c) Los quince días siguientes a su promulgación.

d) Los diez días siguientes a su promulgación.

20. ¿Qué título del Reglamento del Parlamento de Navarra lleva por nombre "De la reforma de la Ley Orgánica de Reintegración y Amejoramiento del Régimen Foral de Navarra"?

a) El Título V.

b) El Título VI.

c) El Título VII.

d) El Título VIII.

21. ¿De cuántos artículos se compone el título del Reglamento del Parlamento de Navarra denominado "De la reforma de la Ley Orgánica de Reintegración y Amejoramiento del Régimen Foral de Navarra"?

a) De cinco.

b) De tres.

c) De dos.

d) De uno.

22. ¿Quién podrá disponer la acumulación de las enmiendas en un turno de defensa y de debate si un Grupo Parlamentario o un Parlamentario o Parlamentaria Foral presentare más de una enmienda a la totalidad de un proyecto de ley foral, solicitando la devolución del mismo a la Diputación Foral?

a) El Presidente.

b) La Mesa de la Cámara.

c) El Pleno.

d) La Junta de Portavoces.

23. Señala la respuesta incorrecta respecto a las enmiendas:

a) Las enmiendas podrán ser a la totalidad o al articulado.

b) Las enmiendas presentadas por los Grupos Parlamentarios irán suscritas por sus Portavoces, y las que presenten las Parlamentarias y Parlamentarios Forales, a título individual, llevarán la firma de la Portavocía del Grupo al que pertenezcan. La ausencia de esta firma impedirá su tramitación.

c) Las enmiendas presentadas relativas a la exposición de motivos se discutirán al final del correspondiente trámite.

d) No se admitirán las enmiendas al articulado que carezcan de la debida relación con el texto a que se refieran.

24. Las enmiendas a un proyecto de ley foral que supongan aumento de los créditos o disminución de los ingresos presupuestarios del ejercicio en curso requerirán para su tramitación la conformidad de:

a) La Diputación Foral.
b) La Cámara de Comptos.
c) La Junta de Portavoces.
d) El Tribunal de Cuentas.

25. Terminado el debate de un proyecto, si, como consecuencia de la aprobación de un voto particular o de una enmienda o de la votación de los artículos, el texto resultante pudiera ser incongruente u oscuro en alguno de sus puntos, la Mesa de la Cámara podrá, por iniciativa propia o a petición de la Mesa de la Comisión respectiva, enviar el texto aprobado por el Pleno de nuevo a la Comisión, con el único fin de que esta efectúe una redacción armónica que deje a salvo los acuerdos del Pleno, en el plazo de:

a) Un mes.
b) Veinte días.
c) Quince días.
d) Diez días.

Solución al test n.º 13

1. a) El Título VI.

2. d) Cuatro.

3. d) Todas las respuestas son correctas.

4. b) A la Mesa del Parlamento.

5. b) De diez días hábiles.

6. d) Todas las respuestas son correctas.

7. b) Ocho días.

8. a) La Junta de Portavoces.

9. d) Dentro de los tres días siguientes a su notificación ante la Junta de Portavoces.

10. c) Quince minutos.

11. b) Un mes.

12. a) La Presidencia.

13. c) Quince días desde su publicación en el Boletín Oficial de la Cámara.

14. d) La Mesa de la Cámara.

15. c) La Cámara de Comptos.

16. b) Quince días.

17. a) La Mesa de la Cámara.

18. c) El Pleno.

19. a) Los treinta días siguientes a su promulgación.

20. c) El Título VII.

21. d) De uno.

22. a) El Presidente.

23. b) Las enmiendas presentadas por los Grupos Parlamentarios irán suscritas por sus Portavoces, y las que presenten las Parlamentarias y Parlamentarios Forales, a título individual, llevarán la firma de la Portavocía del Grupo al que pertenezcan. La ausencia de esta firma impedirá su tramitación.

24. a) La Diputación Foral.

25. c) Quince días.

El Reglamento del Parlamento de Navarra, en concreto el siguiente apartado. Titulo X: Del otorgamiento y retirada de la confianza

1. ¿Qué título del Reglamento del Parlamento de Navarra lleva por nombre "Del otorgamiento y retirada de la confianza"?

a) El Título IX.
b) El Título X.
c) El Título XI.
d) El Título XII.

2. ¿De cuántos capítulos se compone el título del Reglamento del Parlamento de Navarra denominado "Del otorgamiento y retirada de la confianza"?

a) De ocho.
b) De seis.
c) De cuatro.
d) De tres.

3. ¿Quién nombra a la Presidenta o Presidente de la Comunidad Foral de Navarra, de conformidad con lo dispuesto en el artículo 29 de la Ley Orgánica de Reintegración y Amejoramiento del Régimen Foral de Navarra?

a) El Rey.
b) El Parlamento Foral.
c) El Secretario o Secretaria General del Parlamento.
d) El pueblo navarro.

4. El Presidenta o Presidente de la Comunidad Foral de Navarra, de conformidad con lo dispuesto en el artículo 29 de la Ley Orgánica de Reintegración y Amejoramiento del Régimen Foral de Navarra es elegido por:

a) El Rey.
b) El Parlamento Foral.

c) El Secretario o Secretaria General del Parlamento.
d) El pueblo navarro.

5. A tenor del art. 195 del Reglamento del Parlamento de Navarra, ¿cuándo la Presidencia, previa consulta con las Portavocías designadas por los Partidos o Grupos Políticos con representación parlamentaria, propondrá un candidato o una candidata a la Presidencia de la Comunidad Foral de Navarra?

a) Dentro del mes siguiente a la constitución del Parlamento.
b) Dentro de los veinte días siguientes a la constitución del Parlamento.
c) Dentro de los diez días siguientes a la constitución del Parlamento.
d) Dentro de los siete días siguientes a la constitución del Parlamento.

6. Según establece el art. 196 del Reglamento del Parlamento de Navarra, la sesión de investidura de la candidatura propuesta deberá convocarse, al menos:

a) Con diez días de antelación.
b) Con siete días de antelación.
c) Con cinco días de antelación.
d) Con tres días de antelación.

7. ¿De cuánto tiempo dispondrá en la sesión de investidura la persona candidata propuesta para exponer el programa político del Gobierno que pretenda formar y solicitar la confianza de la Cámara?

a) De cincuenta minutos.
b) De cuarenta minutos.
c) De treinta minutos.
d) No hay límite de tiempo.

8. ¿Ante quién se presentará mediante escrito motivado la cuestión de confianza del Presidente o Presidenta del Gobierno de Navarra?

a) Ante la Diputación Foral.
b) Ante la Mesa del Parlamento.
c) Ante el Letrado o Letrada Mayor del Parlamento.
d) Ante la Secretaria General del Parlamento Foral.

9. Señala la respuesta incorrecta respecto a la sesión de investidura:

a) La sesión comenzará por la comunicación de la propuesta de la candidatura a la Presidencia del Gobierno a la Cámara por la Presidencia del Parlamento.
b) El tiempo de intervención que corresponda a cada integrante del Grupo Parlamentario Mixto se distribuirá por igual, pudiéndose ceder entre sí el tiempo de intervención.
c) En el debate de investidura las Agrupaciones Parlamentarias tendrán el mismo tiempo que los Grupos Parlamentarios.
d) El orden de intervención de los Grupos Parlamentarios comenzará por el Grupo Mixto.

10. ¿De cuánto tiempo dispondrán para sus intervenciones en la sesión de investidura los y las representantes de cada Grupo Parlamentario que lo solicite?

a) De cincuenta minutos.
b) De cuarenta minutos.
c) De treinta minutos.
d) De veinticinco minutos.

11. A tenor del art. 196 del Reglamento del Parlamento de Navarra, en la sesión de investidura, la duración de los tiempos del turno de réplica serán fijados por la Presidencia, con una duración mínima de:

a) Treinta minutos.
b) Veinte minutos.
c) Diez minutos.
d) Cinco minutos.

12. ¿Quién fija la hora de la votación de la sesión de investidura?

a) La Presidencia.
b) La Mesa del Parlamento.
c) La Junta de Portavoces.
d) El Secretario o Secretaria General del Parlamento.

13. Señala la respuesta incorrecta respecto a la presentación y tramitación de la cuestión de confianza:

a) La confianza se entenderá otorgada cuando vote a favor de la misma la mayoría simple de los Parlamentarios y Parlamentarias Forales.
b) Cualquiera que sea el resultado de la votación, la Presidencia de la Cámara lo comunicará a la Presidencia del Gobierno.
c) La cuestión de confianza se presentará en escrito motivado ante la Mesa del Parlamento, acompañada de la correspondiente certificación de la Diputación Foral.
d) La Mesa de la Cámara, tras comprobar que la cuestión de confianza reúne los requisitos señalados en el apartado anterior, la admitirá a trámite dando cuenta de la misma a la Junta de Portavoces, ordenará su publicación en el Boletín Oficial de Navarra y convocará al Pleno.

14. La cuestión de confianza no podrá ser votada, al menos, hasta que transcurran:

a) Setenta y dos horas desde la finalización del debate de la misma.
b) Cuarenta y ocho horas desde la finalización del debate de la misma.
c) Veinticuatro horas desde la finalización del debate de la misma.
d) Doce horas desde la finalización del debate de la misma.

15. Señala la respuesta incorrecta respecto a la moción de censura:

a) La aprobación de una moción de censura requerirá, en todo caso, el voto favorable de la mayoría simple de los miembros del Parlamento.

b) Las mociones de censura necesariamente habrán de incluir la propuesta de una candidatura a la Presidencia de la Diputación.

c) El debate de una moción de censura se iniciará por la defensa que de la moción, sin límite de tiempo, efectúe una Parlamentaria o Parlamentario Foral firmante de la misma.

d) La moción deberá ser propuesta, al menos, por una quinta parte del número de miembros del Parlamento, en escrito motivado dirigido a la Mesa del Parlamento.

16. La Mesa de la Cámara, tras comprobar que la moción de censura reúne los requisitos reglamentariamente establecidos, la admitirá a trámite, ordenará su publicación en el Boletín Oficial del Parlamento y convocará al Pleno:

a) Dentro del mes siguiente a la presentación de la moción.

b) Dentro de los quince días siguientes a la presentación de la moción.

c) Dentro de los diez días siguientes a la presentación de la moción.

d) Dentro de los siete días siguientes a la presentación de la moción.

17. La moción de censura será sometida a votación a la hora que previamente haya sido anunciada por la Presidencia y que no podrá ser anterior, en ningún caso, al transcurso de:

a) Quince días desde la presentación de la misma en el Registro General de la Cámara.

b) Diez días desde la presentación de la misma en el Registro General de la Cámara.

c) Siete días desde la presentación de la misma en el Registro General de la Cámara.

d) Cinco días desde la presentación de la misma en el Registro General de la Cámara.

18. A los efectos previstos en el artículo 35.3 de la Ley Orgánica de Reintegración y Amejoramiento del Régimen Foral de Navarra, si el Parlamento de Navarra aprueba una moción de censura, su Presidencia lo pondrá en conocimiento de:

a) La Presidencia del Gobierno de Navarra.

b) El Rey.

c) Las Cortes Generales.

d) Las respuestas a) y b) son correctas.

19. Cuando una moción de censura no fuese aprobada, quienes la hubieran firmado no podrán presentar otra:

a) Durante los siguientes dos años.

b) Durante el siguiente año.

c) Durante la misma legislatura.

d) Durante el mismo periodo de sesiones.

20. ¿De cuánto tiempo dispondrá en su intervención la persona candidata propuesta en la moción para la Presidencia de la Diputación Foral, a efectos de exponer el programa político del Gobierno que pretenda formar?

a) De cincuenta minutos.
b) De cuarenta minutos.
c) De treinta minutos.
d) No hay límite de tiempo.

Solución al test n.º 14

1. b) El Título X.

2. c) De cuatro.

3. a) El Rey.

4. b) El Parlamento Foral.

5. c) Dentro de los diez días siguientes a la constitución del Parlamento.

6. d) Con tres días de antelación.

7. d) No hay límite de tiempo.

8. b) Ante la Mesa del Parlamento.

9. d) El orden de intervención de los Grupos Parlamentarios comenzará por el Grupo Mixto.

10. c) De treinta minutos.

11. c) Diez minutos.

12. a) La Presidencia.

13. d) La Mesa de la Cámara, tras comprobar que la cuestión de confianza reúne los requisitos señalados en el apartado anterior, la admitirá a trámite dando cuenta de la misma a la Junta de Portavoces, ordenará su publicación en el Boletín Oficial de Navarra y convocará al Pleno.

14. c) Veinticuatro horas desde la finalización del debate de la misma.

15. a) La aprobación de una moción de censura requerirá, en todo caso, el voto favorable de la mayoría simple de los miembros del Parlamento.

16. c) Dentro de los diez días siguientes a la presentación de la moción.

17. d) Cinco días desde la presentación de la misma en el Registro General de la Cámara.

18. d) Las respuestas a) y b) son correctas.

19. d) Durante el mismo periodo de sesiones.

20. d) No hay límite de tiempo.

TEST N.º 15

El Reglamento del Parlamento de Navarra, en concreto los siguientes apartados. Titulo XI: De las interpelaciones y preguntas. Título XII: De las mociones

1. ¿Qué título del Reglamento del Parlamento de Navarra lleva por nombre "De las interpelaciones y preguntas"?

a) El título VIII.
b) El título X.
c) El título XI.
d) El título XII.

2. ¿En cuántos capítulos se estructura el título del Reglamento del Parlamento de Navarra denominado "De las interpelaciones y preguntas"?

a) En cinco.
b) En cuatro.
c) En tres.
d) En dos.

3. Respecto a las interpelaciones, señala el art. 208 del Parlamento de Navarra, que las primeras intervenciones no podrán exceder de:

a) Veinte minutos.
b) Quince minutos.
c) Diez minutos.
d) Cinco minutos.

4. Respecto al tiempo en las réplicas a las interpelaciones, dispone el art. 208 del Reglamento del Parlamento de Navarra, que no podrán exceder de:

a) Veinte minutos.
b) Quince minutos.
c) Diez minutos.
d) Cinco minutos.

5. Dispone el Reglamento del Parlamento de Navarra que no se admitirán a trámite las preguntas:

a) Que supongan consulta de índole estrictamente jurídica.

b) Que sean reiterativas de otras preguntas ya tramitadas en el mismo periodo de sesiones.

c) De exclusivo interés personal de quien las formule o de cualquier otra persona o entidad singularizada.

d) Todas las respuestas son correctas.

6. Las preguntas se formularán mediante escrito dirigido a:

a) La Presidencia de la Cámara.

b) El Secretario o Secretaria General del Parlamento.

c) El Letrado o Letrada Mayor del Parlamento.

d) La Mesa del Parlamento.

7. Según establece el art. 213 del Reglamento del Parlamento de Navarra, se podrá presentar una pregunta de máxima actualidad por Grupo Parlamentario antes de:

a) Las once horas del lunes de la semana en la que se celebre la sesión plenaria en que se pretenda incluir.

b) Las diez horas y treinta minutos del lunes de la semana en la que se celebre la sesión plenaria en que se pretenda incluir.

c) Las diez horas del lunes de la semana en la que se celebre la sesión plenaria en que se pretenda incluir.

d) Las nueve horas y treinta minutos del lunes de la semana en la que se celebre la sesión plenaria en que se pretenda incluir.

8. Las preguntas respecto de las que se pretenda respuesta oral en Comisión estarán en condiciones de ser incluidas en el orden del día una vez transcurridos:

a) Cinco días desde la fecha de su publicación.

b) Cuatro días desde la fecha de su publicación.

c) Tres días desde la fecha de su publicación.

d) Dos días desde la fecha de su publicación.

9. La contestación por escrito a las preguntas deberá realizarse:

a) Dentro del mes siguiente a su remisión al Gobierno.

b) Dentro de los veinticinco días siguientes a su remisión al Gobierno.

c) Dentro de los veinte días siguientes a su remisión al Gobierno.

d) Dentro de los quince días siguientes a su remisión al Gobierno.

10. Si un Parlamentario o Parlamentaria considera que el Gobierno no ha respondido de forma correcta a la pregunta, puede presentar un escrito a la Mesa para que esta decida si la respuesta es coherente con la pregunta formulada y, en su caso, si es pertinente la respuesta agrupada. El plazo para presentar el escrito es de:

a) Diez días a contar desde el día siguiente al de la comunicación al Parlamentario o Parlamentaria de la respuesta del Gobierno.
b) Siete días a contar desde el día siguiente al de la comunicación al Parlamentario o Parlamentaria de la respuesta del Gobierno.
c) Cinco días a contar desde el día siguiente al de la comunicación al Parlamentario o Parlamentaria de la respuesta del Gobierno.
d) Tres días a contar desde el día siguiente al de la comunicación al Parlamentario o Parlamentaria de la respuesta del Gobierno.

11. Respecto a la pregunta anterior, la Mesa debe resolver el escrito planteado en el plazo de:

a) Diez días.
b) Siete días.
c) Cinco días.
d) Tres días.

12. Cualquier integrante del mismo Grupo Parlamentario podrá sustituir a quien firme la interpelación o pregunta en su intervención ante el Pleno o la Comisión, previa comunicación a:

a) La Presidencia.
b) El Secretario o Secretaria General del Parlamento.
c) El Letrado o Letrada Mayor del Parlamento.
d) La Mesa del Parlamento.

13. ¿Quién está facultado para acumular y ordenar a efectos del debate las interpelaciones o preguntas incluidas en un orden del día y relativas al mismo tema o a temas conexos entre sí?

a) La Presidencia de la Cámara.
b) El Secretario o Secretaria General del Parlamento.
c) El Letrado o Letrada Mayor del Parlamento.
d) La Mesa del Parlamento.

14. A tenor del art. 220 del Reglamento del Parlamento de Navarra, ¿quién decide sobre la admisión a trámite de las mociones, ordenará, en su caso, su publicación y acordará su tramitación ante el Pleno o la Comisión competente, en función de la voluntad manifestada por el Grupo o Parlamentario o Parlamentaria Foral proponente?

a) La Presidencia de la Cámara.
b) El Secretario o Secretaria General del Parlamento.

c) El Letrado o Letrada Mayor del Parlamento.
d) La Mesa del Parlamento.

15. Publicada la moción, los Grupos Parlamentarios y las Parlamentarias y Parlamentarios Forales, a título individual, podrán presentar enmiendas a la propuesta de resolución contenida en aquella, con excepción del o de la mocionante, que deberá sustanciarla como enmienda in voce. Dichas enmiendas se presentarán mediante escrito dirigido a la Mesa de la Cámara o de la Comisión competente para la tramitación de la moción, antes de:

a) Las doce horas del día anterior al del comienzo de la sesión en que haya de debatirse.
b) Las trece horas del día anterior al del comienzo de la sesión en que haya de debatirse.
c) Las catorce horas del día anterior al del comienzo de la sesión en que haya de debatirse.
d) Las quince horas del día anterior al del comienzo de la sesión en que haya de debatirse.

16. ¿A quién autoriza el Reglamento del Parlamento de Navarra para acumular, a efectos de debate, las mociones relativas a un mismo tema o conexas entre sí:

a) La Presidencia de la Cámara o de la Comisión.
b) La Mesa del Parlamento.
c) El Secretario o Secretaria General del Parlamento.
d) El Letrado o Letrada Mayor del Parlamento.

17. El debate de las mociones se iniciará por la defensa de la moción por el Grupo Parlamentario o Parlamentario o Parlamentaria Foral que la hubiese formulado, que dispondrá para ello de un plazo máximo de:

a) Treinta minutos.
b) Veinte minutos.
c) Quince minutos.
d) Diez minutos.

18. Una vez efectuada la defensa de la moción por el Grupo Parlamentario o Parlamentario o Parlamentaria Foral que la hubiese formulado, intervendrá quien represente a cada uno de los Grupos Parlamentarios o la Parlamentaria o Parlamentario Foral que hubiere presentado enmiendas, por un tiempo de:

a) Veinte minutos.
b) Quince minutos.
c) Diez minutos.
d) Cinco minutos.

19. ¿Dónde se publican las interpelaciones de los Parlamentarios y Parlamentarias Forales y los Grupos Parlamentarios?

a) En el Boletín Oficial del Estado.
b) En el Boletín Oficial de Navarra.
c) En el Boletín Oficial de la Cámara.
d) En el Boletín Oficial de Navarra y en el Boletín Oficial de la Cámara.

20. Señala la respuesta incorrecta respecto a las preguntas de iniciativa ciudadana:

a) Cualquier ciudadano o ciudadana o quien represente a persona jurídica podrán formular preguntas para su respuesta oral al Gobierno de Navarra o a sus miembros.

b) Las preguntas se presentarán por escrito en el Registro General del Parlamento y deberán contener los requisitos previstos en la Ley de Procedimiento Administrativo Común.

c) Finalizado un periodo de sesiones, las propuestas de preguntas orales de iniciativa popular que no hayan sido asumidas por ninguna Parlamentaria o Parlamentario se considerarán decaídas.

d) Para que estas preguntas puedan tramitarse en Pleno o en Comisión, deberán ser asumidas por una o un miembro de la Cámara, quien lo comunicará a la Mesa de la Cámara, incluyéndose para su formulación en el orden del día de la primera sesión que se convoque.

Solución al test n.º 15

1. c) El título XI.

2. c) En tres.

3. c) Diez minutos.

4. d) Cinco minutos.

5. d) Todas las respuestas son correctas.

6. d) La Mesa del Parlamento.

7. d) Las nueve horas y treinta minutos del lunes de la semana en la que se celebre la sesión plenaria en que se pretenda incluir.

8. a) Cinco días desde la fecha de su publicación.

9. d) Dentro de los quince días siguientes a su remisión al Gobierno.

10. d) Tres días a contar desde el día siguiente al de la comunicación al Parlamentario o Parlamentaria de la respuesta del Gobierno.

11. b) Siete días.

12. a) La Presidencia.

13. a) La Presidencia de la Cámara.

14. d) La Mesa del Parlamento.

15. a) Las doce horas del día anterior al del comienzo de la sesión en que haya de debatirse.

16. a) La Presidencia de la Cámara o de la Comisión.

17. c) Quince minutos.

18. c) Diez minutos.

19. c) En el Boletín Oficial de la Cámara.

20. a) Cualquier ciudadano o ciudadana o quien represente a persona jurídica podrán formular preguntas para su respuesta oral al Gobierno de Navarra o a sus miembros.

TEST N.º 16

El Reglamento del Parlamento de Navarra, en concreto los siguientes apartados. Título XIX: De la participación ciudadana. Título XX: De la transparencia y acceso a la información pública de la actividad parlamentaria

1. ¿Qué título del Reglamento del Parlamento de Navarra lleva por nombre "De la participación ciudadana"?

a) El Título XVI.
b) El Título XVII.
c) El Título XVIII.
d) El Título XIX.

2. ¿Quiénes están legitimados, según dispone el art. 245 del Reglamento del Parlamento de Navarra, para participar en la actividad del Parlamento de Navarra en los términos establecidos en el título XIX "De la participación ciudadana"?

a) Cualquier ciudadano o ciudadana.
b) Únicamente los ciudadanos y ciudadanas residentes en Navarra.
c) Los ciudadanos y ciudadanas residentes en Navarra o quien represente a persona jurídica con domicilio en España.
d) Los ciudadanos y ciudadanas residentes en Navarra o quien represente a persona jurídica con domicilio en la Comunidad Foral.

3. Señala uno de los instrumentos a través de los cuales el Parlamento de Navarra facilita la participación ciudadana:

a) Por medio de la formulación de preguntas de iniciativa ciudadana.
b) Mediante la presentación de propuestas de declaraciones institucionales a la Junta de Portavoces.
c) Mediante la presentación de mociones de iniciativa ciudadana.
d) Todas las respuestas son correctas.

4. El Portal de la Transparencia debe configurarse de modo que garantice:

a) La organización sistemática de la información, para que sea fácilmente accesible y permita una consulta rápida, ágil e intuitiva.

b) El acceso a la información del Parlamento de acuerdo con lo establecido por la legislación de transparencia, acceso a la información pública y buen gobierno.

c) La facilidad de consulta con la utilización de formatos fácilmente comprensibles y que permitan la interoperatividad y la reutilización.

d) Todas las respuestas son correctas.

5. ¿De cuántos capítulos consta el Título XX del Reglamento del Parlamento de Navarra "De la transparencia y acceso a la información pública de la actividad parlamentaria"?

a) De cuatro.

b) De tres.

c) De dos.

d) De uno.

6. ¿Mediante qué Portal garantiza la transparencia de su información y documentación el Parlamento Foral?

a) Mediante el Portal de la Información.

b) Mediante el Portal de la Seguridad Jurídica.

c) Mediante el Portal de la Publicidad Pública.

d) Mediante el Portal de la Transparencia.

7. ¿En aplicación de qué principio debe hacer el Parlamento pública la información sobre la organización y funciones de la Cámara?

a) Del principio de publicidad.

b) Del principio de transparencia.

c) Del principio de seguridad.

d) Del principio de igualdad.

8. El Parlamento debe suministrar la información solicitada en el formato que se haya pedido en el plazo de:

a) Tres meses.

b) Dos meses.

c) Un mes.

d) Veinte días.

9. Cuando el volumen o la complejidad de la información que se solicita lo haga necesario, y previa notificación a la persona solicitante, el plazo inicialmente previsto podrá ampliarse por espacio de:

a) Otro mes.

b) Veinte días.

c) Quince días.
d) Diez días.

10. Señala la respuesta incorrecta respecto a la resolución de la información solicitada de acceso a la información pública:

a) Transcurrido el plazo máximo para resolver sin que se haya dictado y notificado resolución expresa, salvo que una norma con rango de ley establezca expresamente lo contrario, se entenderá que la solicitud ha sido desestimada.
b) El plazo para resolver la solicitud de acceso a la información pública puede prorrogarse o puede quedar en suspenso en los supuestos establecidos por la legislación de transparencia, acceso a la información pública y buen gobierno.
c) Serán motivadas las resoluciones que concedan el acceso parcial.
d) Serán motivadas las resoluciones que permitan el acceso cuando haya habido oposición de un tercero.

11. ¿Quién dispone el Reglamento del Parlamento de Navarra que debe regular las condiciones del ejercicio del derecho de acceso y el procedimiento que debe seguirse para resolver las solicitudes?

a) La Presidencia.
b) El Secretario o Secretaria General del Parlamento.
c) La Mesa del Parlamento.
d) El Letrado o Letrada Mayor del Parlamento.

12. ¿Quién debe facilitar el ejercicio del derecho de acceso a la información pública mediante un formulario electrónico sencillo y fácilmente accesible?

a) El Secretario o Secretaria General del Parlamento.
b) La Mesa del Parlamento.
c) El Letrado o Letrada Mayor del Parlamento.
d) El Portal de la Transparencia.

13. El Parlamento debe hacer pública, en aplicación del principio de transparencia, la información sobre:

a) Administración parlamentaria.
b) Actividad de los Parlamentarios y Parlamentarias y de los Grupos en los que se integran.
c) Información de relevancia jurídica.
d) Todas las respuestas son correctas.

14. Señala la respuesta incorrecta respecto a la información pública:

a) El Portal de la Transparencia debe configurarse de modo que garantice la difusión permanente y actualizada de la información.

b) Las obligaciones de transparencia tienen como límites los establecidos con carácter general por la legislación de transparencia, acceso a la información pública y buen gobierno.

c) El Portal de la Transparencia debe facilitar la información en formato no reutilizable.

d) El derecho de acceso a la información pública solo podrá limitarse en los casos previstos en la legislación vigente en materia de transparencia, que deberán interpretarse con carácter restrictivo y justificado.

15. El Portal de la Transparencia se establece como un sistema integral de información y conocimiento en formato electrónico que debe permitir a las personas acceder a la información y la documentación parlamentarias mediante un buscador que garantice una utilización:

a) Comprensible.

b) Fácil.

c) Rápida.

d) Todas las respuestas son correctas.

16. ¿Qué título del Reglamento del Parlamento de Navarra se denomina "De la transparencia y acceso a la información pública de la actividad parlamentaria"?

a) El Título XXI.

b) El Título XXII.

c) El Título XVIII.

d) El Título XX.

17. A tenor del art. 247 del Reglamento del Parlamento de Navarra, el mismo debe hacer pública la información relativa a:

a) Sus actividades y régimen económico.

b) Su funcionamiento.

c) Su organización.

d) Todas las respuestas son correctas.

18. La información facilitada por el Portal de la Transparencia podrá ser reutilizada con cualquier objetivo lícito con la condición de no alterar o desnaturalizar su sentido y con la obligación de citar:

a) La fuente de los datos.

b) El motivo de la solicitud.

c) La fecha de la última actualización.

d) Las respuestas a) y c) son correctas.

19. Señala la respuesta incorrecta respecto a la información pública:

a) Si la información solicitada contuviera datos personales, se estará a lo dispuesto en la normativa vigente en materia de transparencia, así como en la de protección de datos personales.

b) En el caso de que la información solicitada esté afectada por alguno de los límites previstos legalmente, se concederá cuando sea posible un acceso parcial, omitiendo la información afectada por la limitación, salvo que de ello resulte una información distorsionada, equívoca o carente de sentido.

c) El derecho de acceso podrá adquirirse por silencio cuando se de alguno de los límites que el Reglamento del Parlamento Foral u otras leyes establecen para acceder a la información pública.

d) No se tendrá derecho a acceder a la información de carácter secreto que obre en poder del Parlamento de Navarra y que posea dicha naturaleza por aplicación de lo previsto en el Reglamento de la Cámara.

20. Además de la información pública descrita en el Reglamento del Parlamento de Navarra, podrá incluirse cualquier otra información cuya difusión se estime relevante, mediante el acuerdo favorable de:

a) La Junta de Portavoces.
b) El Letrado o Letrada Mayor del Parlamento.
c) La Mesa del Parlamento de Navarra.
d) La Presidencia.

Solución al test n.º 16

1. d) El Título XIX.

2. d) Los ciudadanos y ciudadanas residentes en Navarra o quien represente a persona jurídica con domicilio en la Comunidad Foral.

3. d) Todas las respuestas son correctas.

4. d) Todas las respuestas son correctas.

5. c) De dos.

6. d) Mediante el Portal de la Transparencia.

7. b) Del principio de transparencia.

8. c) Un mes.

9. a) Otro mes.

10. a) Transcurrido el plazo máximo para resolver sin que se haya dictado y notificado resolución expresa, salvo que una norma con rango de ley establezca expresamente lo contrario, se entenderá que la solicitud ha sido desestimada.

11. c) La Mesa del Parlamento.

12. d) El Portal de la Transparencia.

13. d) Todas las respuestas son correctas.

14. c) El Portal de la Transparencia debe facilitar la información en formato no reutilizable.

15. d) Todas las respuestas son correctas.

16. d) El Título XX.

17. d) Todas las respuestas son correctas.

18. d) Las respuestas a) y c) son correctas.

19. c) El derecho de acceso podrá adquirirse por silencio cuando se de alguno de los límites que el Reglamento del Parlamento Foral u otras leyes establecen para acceder a la información pública.

20. c) La Mesa del Parlamento de Navarra.

El Reglamento de Organización de la Administración del Parlamento de Navarra

1. ¿En cuántos títulos se estructura el articulado del vigente Reglamento de Organización de la Administración del Parlamento de Navarra (ROA)?

a) En 2.
b) En 3.
c) En 5.
d) En 7.

2. ¿Cuál de los siguientes cargos ostenta la Jefatura del Personal y dirige los servicios del Parlamento de Navarra?

a) El Jefe de la Secretaría de la Mesa y Junta de Portavoces.
b) El Presidente de la Mesa.
c) El Letrado Mayor de la Cámara.
d) El Jefe de los Servicios Generales.

3. ¿Cuál de las siguientes NO es una denominación correcta de una unidad administrativa de la Secretaría General del Parlamento de Navarra?

a) Servicios Jurídicos.
b) Servicio de Informática, Sistemas Audiovisuales y Tecnología.
c) Servicios Generales.
d) Servicio de Archivo y Biblioteca.

4. Según el artículo 81.3 del Reglamento del Parlamento, el nombramiento y cese del Letrado o Letrada Mayor se realizará discrecionalmente por la Mesa del Parlamento, a propuesta de la Presidencia, de entre las Letradas y Letrados del Parlamento, Letrados y Letradas de la Cámara de Comptos o Personal de la Asesoría Jurídica del Gobierno de Navarra. En estos dos últimos casos siempre que lleven en servicio activo, en dicha categoría o especialidad, al menos, un periodo de:

a) 5 años y no hayan ocupado en los últimos 4 años cargos públicos.
b) 3 años y no hayan ocupado en los últimos 2 años cargos públicos.

c) 2 años y no hayan ocupado en los últimos 3 años cargos públicos.
d) 4 años y no hayan ocupado en los últimos 5 años cargos públicos.

5. El Jefe de la Secretaría de la Mesa y Junta de Portavoces es designado por el Letrado Mayor, entre funcionarios del Cuerpo de:

a) Letrados.
b) Técnicos.
c) Administrativos.
d) Transcriptores.

6. Según la DA 4.ª del ROA, las Jefaturas de Sección serán desempeñadas por funcionarios del Parlamento de Navarra y serán provistas mediante la convocatoria de concurso de méritos. Quienes, en virtud de los referidos concursos, obtengan una de las mencionadas Jefaturas podrán desempeñarla durante un periodo de:

a) 3 años.
b) 4 años.
c) 5 años.
d) 6 años.

7. ¿Cuál de las siguientes funciones corresponde a la Sección de Protocolo del Parlamento de Navarra?

a) Canalizar y facilitar los contactos de los Parlamentarios Forales y de los órganos de la Cámara con los medios de comunicación, cuando así lo soliciten.
b) Organizar y atender las visitas al Parlamento, tanto oficiales como las del público en general, en colaboración con los Servicios Generales.
c) La dirección de la estrategia, análisis, planificación, objetivos y gestión de la web e intranet, así como su supervisión.
d) Facilitar a los medios de comunicación social la información sobre las actividades de los órganos de la Cámara, siguiendo las instrucciones de la Mesa, y establecer relaciones permanentes con los representantes de dichos medios.

8. Según el artículo 12 del ROA, la Secretaría de Relaciones de Protocolo es designada libremente por la Mesa de la Cámara:

a) Entre funcionarios o personal laboral de nivel B o C de la Administración de la Comunidad Foral de Navarra.
b) Entre funcionarios de nivel A o B del Parlamento de Navarra.
c) Entre empleados públicos del Parlamento de Navarra.
d) Entre funcionarios de nivel C o D del Parlamento de Navarra y de la Administración de la Comunidad Foral de Navarra.

9. ¿Quién nombra al Letrado Mayor del Parlamento de Navarra?

a) El Pleno del Parlamento.
b) La Mesa de la Cámara.
c) El Presidente de la Cámara.
d) Los Letrados de la Cámara, de entre los funcionarios del Cuerpo de Letrados.

10. Las Secciones de Prensa y de Protocolo dependen directamente:

a) Del Letrado Mayor.
b) De la Mesa de la Cámara.
c) De los Servicios Generales.
d) De los Servicios Jurídicos.

11. La dirección y supervisión de los trabajos preparatorios de la actividad parlamentaria de las Comisiones y de sus respectivas Ponencias es competencia de:

a) El Letrado mayor.
b) El Letrado mayor adjunto.
c) La Jefatura de los Servicios Generales.
d) Los Letrados.

12. Según el artículo 15 del ROA, corresponde la gestión del Registro General y la distribución de los documentos parlamentarios:

a) A la Sección de Protocolo.
b) Al Archivo del Parlamento de Navarra.
c) A la Sección de Gestión Parlamentaria.
d) A la Sección de Sistemas.

13. El Ujier Mayor del Parlamento de Navarra forma parte de:

a) Los Servicios Jurídicos.
b) Los Servicios Generales.
c) El Servicio de Publicaciones, Archivo, Biblioteca y Documentación.
d) La Sección de Gestión Parlamentaria.

14. ¿A qué órgano corresponde la gestión de la Oficina de Información del Parlamento de Navarra?

a) A la Sección de Protocolo.
b) Al Archivo del Parlamento de Navarra.
c) A la Sección de Gestión Parlamentaria.
d) A la Sección de Sistemas.

15. ¿Cuál de las siguientes es una competencia de los Servicios Generales del Parlamento de Navarra?

a) El mantenimiento, vigilancia y conservación de los edificios, dependencias e instalaciones de la Cámara.

b) El cuidado y supervisión de los textos aprobados por los órganos parlamentarios a los que asistan que deban ser publicados en el Boletín Oficial de la Cámara.

c) Acreditar a los representantes de los medios de comunicación para asistir a las sesiones de la Cámara, siguiendo las instrucciones de la Mesa, y controlar que las grabaciones gráficas y sonoras de las sesiones se realicen con la debida autorización del Presidente.

d) La transcripción y grabación de los debates parlamentarios, tanto en las sesiones del Pleno como de las Comisiones para su correcta publicación.

16. ¿A cuál de los siguientes órganos corresponde editar el Boletín Oficial del Parlamento de Navarra y los Diarios de Sesiones del Pleno y de las Comisiones?

a) A la Sección de Prensa.

b) A los Servicios Generales.

c) A los Servicios Jurídicos.

d) Al Servicio de Publicaciones, Archivo, Biblioteca y Documentación.

17. El Jefe de los Servicios Generales será designado:

a) Por la Mesa del Parlamento de Navarra, a propuesta del Letrado Mayor, de entre los Letrados de la Cámara.

b) Por el Letrado Mayor, entre funcionarios del Cuerpo de Administrativos.

c) Por la Mesa del Parlamento de Navarra, a propuesta de su Presidente, entre los funcionarios de la Cámara que desempeñen puestos de trabajo de Técnicos.

d) Por la Mesa de la Cámara, a propuesta de su Presidente, de entre los Letrados del Parlamento de Navarra.

18. El funcionario del Parlamento de Navarra que pase a ocupar la Jefatura de los Servicios Generales, pasará, mientras la desempeñe, a la situación de:

a) Excedencia voluntaria.

b) Excedencia especial.

c) Servicios especiales.

d) Expectativa de destino.

19. El Ujier Mayor es designado:

a) Por la Mesa del Parlamento de Navarra, a propuesta de su Presidente, entre los funcionarios de la Cámara que desempeñen puestos de trabajo de Técnicos.

b) Por el Letrado Mayor entre funcionarios del Cuerpo de Ujieres.

c) Por la mesa del Parlamento entre funcionarios de nivel C o D del Parlamento de Navarra.

d) Por la Mesa del Parlamento de Navarra, a propuesta de su Presidente, entre los funcionarios del Cuerpo de Ujieres.

20. Es una función del Servicio de Publicaciones, Archivo, Biblioteca y Documentación:

a) El cuidado y supervisión de los textos aprobados por los órganos parlamentarios a los que asistan que deban ser publicados en el Boletín Oficial de la Cámara.

b) La tramitación de los expedientes de contratación de obras, servicios y suministros y la gestión del patrimonio del Parlamento.

c) Organizar y asegurar los servicios de traducción simultánea en las sesiones del Pleno y de las Comisiones.

d) La recepción de las credenciales de los Parlamentarios Forales y la expedición de sus acreditaciones, con la autorización del Secretario General.

21. Quien ostente la Jefatura del Servicio de Publicaciones, Archivo, Biblioteca y Documentación ejercerá las funciones propias de:

a) Letrado Mayor.
b) Ujier Mayor.
c) Secretario General.
d) Archivero-Bibliotecario.

22. Conforme al artículo 40 del ROA, los diversos órganos y unidades administrativas de la Cámara transferirán anualmente al Archivo la documentación que tenga más del siguiente número de años y cuya tramitación haya concluido, acompañada de relaciones normalizadas que describan su contenido:

a) 5 años.
b) 10 años.
c) 15 años.
d) 20 años.

23. Conforme al artículo 56.1 del ROA, las cantidades entregadas a justificar deberán acreditarse o reintegrarse en el plazo máximo de:

a) 1 mes.
b) 3 meses.
c) 6 meses.
d) 1 año.

24. Según establece el artículo 41 del ROA, ¿a partir del transcurso de qué plazo la documentación producida por la Cámara, sus órganos, sus unidades o su personal a su servicio, concluirá su vigencia administrativa y se considerará documentación histórica?

a) 20 años.
b) 25 años.
c) 30 años.
d) 50 años.

25. ¿A qué profesionales del Servicio de Informática, Sistemas Audiovisuales y Tecnología corresponde la instalación de software y hardware en los puestos de los usuarios y su soporte?

a) A los de la Escala de Técnicos Superiores.
b) A los de la Escala de Oficiales Técnicos de Sistemas Audiovisuales.
c) A los de la Escala de Técnicos Diplomados.
d) A los de la Escala de Oficiales Técnicos en Sistemas Informáticos.

Solución al test n.º 17

1. a) En 2.

2. c) El Letrado Mayor de la Cámara.

3. d) Servicio de Archivo y Biblioteca.

4. a) 5 años y no hayan ocupado en los últimos 4 años cargos públicos.

5. c) Administrativos.

6. b) 4 años.

7. b) Organizar y atender las visitas al Parlamento, tanto oficiales como las del público en general, en colaboración con los Servicios Generales.

8. d) Entre funcionarios de nivel C o D del Parlamento de Navarra y de la Administración de la Comunidad Foral de Navarra.

9. b) La Mesa de la Cámara.

10. a) Del Letrado Mayor.

11. d) Los Letrados.

12. c) A la Sección de Gestión Parlamentaria.

13. b) Los Servicios Generales.

14. c) A la Sección de Gestión Parlamentaria.

15. a) El mantenimiento, vigilancia y conservación de los edificios, dependencias e instalaciones de la Cámara.

16. d) Al Servicio de Publicaciones, Archivo, Biblioteca y Documentación.

17. c) Por la Mesa del Parlamento de Navarra, a propuesta de su Presidente, entre los funcionarios de la Cámara que desempeñen puestos de trabajo de Técnicos.

18. c) Servicios especiales.

19. b) Por el Letrado Mayor entre funcionarios del Cuerpo de Ujieres.

20. c) Organizar y asegurar los servicios de traducción simultánea en las sesiones del Pleno y de las Comisiones.

21. d) Archivero-Bibliotecario.

22. a) 5 años.

23. a) 1 mes.

24. c) 30 años.

25. d) A los de la Escala de Oficiales Técnicos en Sistemas Informáticos.

TEST N.º 18

El Estatuto del Personal del Parlamento de Navarra

1. ¿Cuál de las siguientes Comisiones legislativas del Parlamento de Navarra aprobó el Estatuto del Personal del Parlamento de Navarra?

a) La Comisión de Régimen Foral.
b) La Comisión de Reglamento.
c) La Comisión de Presidencia e Igualdad.
d) La Comisión de Interior, Función Pública y Justicia.

2. ¿En cuántos capítulos se estructura el articulado del Estatuto del Personal del Parlamento de Navarra?

a) En 2.
b) En 5.
c) En 8.
d) En 10.

3. Siguiendo el artículo 1 del Estatuto del Personal del Parlamento de Navarra, NO es una clase de personal al servicio del Parlamento de Navarra:

a) Los funcionarios.
b) El personal eventual.
c) El personal contratado.
d) El personal directivo.

4. En relación con el personal eventual del Parlamento de Navarra, NO es cierto que:

a) Sus retribuciones se determinan en el presupuesto de la Cámara.
b) Será nombrado y separado libremente por el Presidente de la Cámara, a propuesta del cargo al que se encuentre adscrito.
c) Presta, con carácter temporal, asistencia directa y de confianza al Presidente y demás cargos electos que se determinen.
d) Puede ocupar puesto de trabajo y desempeñar funciones propias de los funcionarios del Parlamento de Navarra.

5. El Parlamento de Navarra podrá contratar personal en régimen administrativo para la ejecución de programas de carácter temporal, para la realización de estudios o proyectos concretos o trabajos singulares no habituales, que no podrán tener una duración superior a:

a) 1 año.
b) 2 años.
c) 3 años.
d) 4 años.

6. El Parlamento de Navarra podrá contratar personal en régimen administrativo para la atención de nuevas necesidades de personal debidamente justificadas, siempre que se acredite la insuficiencia de personal para hacer frente a las mismas, por un periodo máximo de:

a) 6 meses.
b) 9 meses.
c) 1 año.
d) 3 años.

7. Tal como determina la disposición adicional duodécima del Estatuto del Personal del Parlamento de Navarra, el incumplimiento de los plazos máximos de permanencia establecidos en el artículo 4.º dará lugar a la compensación económica para el personal contratado afectado, que será equivalente a:

a) 16 días de sus retribuciones fijas por año de servicio.
b) 20 días de sus retribuciones fijas por año de servicio.
c) 23 días de sus retribuciones fijas por año de servicio.
d) 26 días de sus retribuciones fijas por año de servicio.

8. Las resoluciones que se dicten por la Presidencia y el Letrado o Letrada Mayor en materia de personal podrán ser recurridas ante la Mesa del Parlamento mediante la interposición del recurso de alzada en el plazo de:

a) 1 mes.
b) 2 meses.
c) 3 meses.
d) 15 días.

9. ¿De qué dos escalas se compone el Cuerpo de Técnicos del Parlamento de Navarra?

a) Técnicos Administrativos y Técnicos Financieros.
b) Técnicos Generales y Técnicos Profesionales.
c) Técnicos Oficiales y Técnicos Ayudantes.
d) Técnicos Superiores y Técnicos Diplomados.

10. ¿A qué Cuerpo de funcionarios del Personal del Parlamento de Navarra corresponde la redacción de las resoluciones, informes, dictámenes y actas?

a) Al Cuerpo de Letrados.
b) Al Cuerpo de Técnicos.
c) Al Cuerpo de Administrativos.
d) Al Cuerpo de Transcriptores.

11. La edad mínima para ser admitido a las pruebas selectivas de funcionarios del Parlamento de Navarra es:

a) 16 años.
b) 17 años.
c) 18 años.
d) 20 años.

12. ¿Cómo se valorarán las distintas fases en los procedimientos excepcionales de estabilización de empleo temporal mediante concurso-oposición en el Parlamento de Navarra?

a) Ambas fases con 50 puntos.
b) La fase de oposición con 40 puntos y con 60 puntos la fase de concurso.
c) La fase de oposición con 60 puntos y con 40 puntos la fase de concurso.
d) La fase de oposición con 40 puntos, con 30 puntos los méritos profesionales, y con 30 puntos otros méritos.

13. Salvo causa suficientemente justificada, la toma de posesión para la adquisición de la condición de funcionario del Parlamento de Navarra se producirá dentro de un plazo, a contar desde la notificación del nombramiento, de:

a) 10 días.
b) 15 días.
c) 20 días.
d) 1 mes.

14. Para que los funcionarios del Parlamento de Navarra puedan promocionar de nivel deberán poseer la titulación exigida en la convocatoria y acreditar una antigüedad reconocida en las Administraciones públicas de:

a) 2 años.
b) 3 años.
c) 4 años.
d) 5 años.

15. En la promoción al nivel C de funcionarios del Parlamento de Navarra, podrá suplirse el requisito de posesión de la titulación exigida, por la acreditación de antigüedad reconocida en las Administraciones públicas de:

a) 5 años.
b) 7 años.
c) 8 años.
d) 10 años.

16. Los funcionarios del Parlamento de Navarra NO se hallan en situación de servicio activo cuando:

a) Ocupan un puesto de trabajo de los correspondientes a funcionarios que figuren en la plantilla orgánica del Parlamento de Navarra.
b) Se les confiera una comisión de servicios de carácter temporal en cualquiera de las Administraciones u organismos públicos para realizar una actividad o misión durante un plazo determinado.
c) Se hallan pendientes de adscripción a un puesto de trabajo concreto por cese en el anterior o como consecuencia de una reordenación de servicios.
d) Sean nombrados para desempeñar una Jefatura de Servicio del Parlamento de Navarra.

17. Cuando los funcionarios del Parlamento de Navarra desempeñen, en concepto de personal eventual, funciones de asistencia o asesoramiento a cargos políticos, se hallarán en situación de:

a) Servicio activo.
b) Servicios especiales.
c) Excedencia voluntaria.
d) Excedencia especial.

18. Los funcionarios en situación de servicios especiales deberán reincorporarse al servicio activo en su plaza de origen dentro de un plazo desde el cese en el cargo para el que hubieran sido elegidos o designados o en los servicios a los que hubieran sido adscritos o al licenciamiento del servicio militar o de la prestación sustitutoria del mismo, de:

a) 15 días.
b) 20 días.
c) 30 días.
d) 2 meses.

19. La excedencia por interés particular del personal funcionario del Parlamento de Navarra conlleva la reserva de la plaza de origen durante:

a) Los primeros 6 meses.
b) Los primeros 12 meses.

c) Los primeros 18 meses.
d) Todo el tiempo que dure la excedencia.

20. ¿Cuál es la duración máxima, por cada causante, de una excedencia especial?

a) 1 año.
b) 3 años.
c) 4 años.
d) 5 años.

21. En relación con los funcionarios en situación de excedencia especial, NO es cierto que:

a) Devengarán derechos económicos.
b) Se les computará a efectos de antigüedad todo el tiempo que permanezcan en tal situación.
c) Tendrán derecho a la reserva de la plaza que ocupasen.
d) A efectos de derechos pasivos, se estará a lo que disponga la normativa del régimen de previsión social al que estén acogidos.

22. El tiempo máximo de suspensión provisional del personal funcionario del Parlamento de Navarra durante la tramitación de un expediente disciplinario no podrá exceder de:

a) 3 meses.
b) 6 meses.
c) 9 meses.
d) 12 meses.

23. ¿Cuál de los siguientes funcionarios excedentes en expectativa de destino ocupará el primer lugar en el orden de prelación para el reingreso al servicio activo?

a) Excedente forzoso por ejercer una actividad declarada incompatible.
b) Excedente voluntario por pasar a la situación de servicio activo en otro Cuerpo o Escala del Parlamento de Navarra o de cualquier organismo público.
c) Excedente forzoso por haber cesado en la situación de servicios especiales y no incorporarse al servicio activo en su plaza de origen en el plazo señalado.
d) Excedente voluntario por desempeño de cargos directivos en partidos políticos u organizaciones sindicales o profesionales que sean incompatibles con el ejercicio de la función pública.

24. ¿Cuál es el porcentaje máximo del sueldo inicial del correspondiente nivel, que podrá alcanzar la cuantía del complemento específico?

a) 15 %.
b) 35 %.

c) 50 %.
d) 100 %.

25. Si el número de funcionarios del Parlamento de Navarra está entre 26 y 50 funcionarios, ¿con cuántos representantes contará la Junta de Personal?

a) Con 5.
b) Con 7.
c) Con 9.
d) Con 3.

26. ¿Cuál es el crédito de horas mensuales dentro de la jornada de trabajo y retribuidas para los miembros de la Junta de Personal cuando no se superen los 100 funcionarios en el Parlamento de Navarra?

a) 5 horas.
b) 10 horas.
c) 15 horas.
d) 20 horas.

27. El descuido en la conservación de los locales, instalaciones, material y documentación de los servicios se considera:

a) Falta leve.
b) Falta grave.
c) Falta muy grave.
d) No se considera una falta.

28. Se considera una falta grave de los funcionarios del Parlamento de Navarra:

a) La incorrección en el trato con las autoridades, con los superiores, con los compañeros, con los subordinados y con los administrados.
b) El incumplimiento del régimen de incompatibilidades.
c) La manifiesta, reiterada y no justificada falta de rendimiento.
d) El incumplimiento del deber de secreto profesional.

29. ¿Cuándo prescribirán las faltas muy graves de los funcionarios del Parlamento de Navarra?

a) Al año.
b) A los dos años.
c) A los tres años.
d) A los cuatro años.

30. Según el artículo 40.3 del Estatuto del Personal del Parlamento de Navarra, ¿cuándo prescriben las sanciones impuestas por faltas leves?

a) Al mes.
b) A los 3 meses.
c) A los 6 meses.
d) Al año.

Solución al test n.º 18

1. b) La Comisión de Reglamento.

2. c) En 8.

3. d) El personal directivo.

4. d) Puede ocupar puesto de trabajo y desempeñar funciones propias de los funcionarios del Parlamento de Navarra.

5. c) 3 años.

6. b) 9 meses.

7. b) 20 días de sus retribuciones fijas por año de servicio.

8. a) 1 mes.

9. d) Técnicos Superiores y Técnicos Diplomados.

10. a) Al Cuerpo de Letrados.

11. a) 16 años.

12. c) La fase de oposición con 60 puntos y con 40 puntos la fase de concurso.

13. d) 1 mes.

14. d) 5 años.

15. c) 8 años.

16. d) Sean nombrados para desempeñar una Jefatura de Servicio del Parlamento de Navarra.

17. b) Servicios especiales.

18. c) 30 días.

19. c) Los primeros 18 meses.

20. b) 3 años.

21. a) Devengarán derechos económicos.

22. b) 6 meses.

23. d) Excedente voluntario por desempeño de cargos directivos en partidos políticos u organizaciones sindicales o profesionales que sean incompatibles con el ejercicio de la función pública.

24. b) 35 %.

25. a) Con 5.

26. c) 15 horas.

27. a) Falta leve.

28. d) El incumplimiento del deber de secreto profesional.

29. c) A los tres años.

30. a) Al mes.

El Reglamento de Archivo y Gestión Documental del Parlamento de Navarra. En concreto los siguientes apartados: Capítulo I: Disposiciones generales. Capítulo II: El Archivo del Parlamento de Navarra. Capítulo V: Acceso y difusión del patrimonio documental del Parlamento de Navarra

1. ¿En cuántos capítulos se estructura el vigente Reglamento de Archivo y Gestión Documental del Parlamento de Navarra (RAGD)?

a) En 2.
b) En 4.
c) En 5.
d) En 9.

2. ¿Qué órgano aprobó el texto definitivo del RAGD?

a) La Mesa del Parlamento.
b) La Comisión de Reglamento.
c) La Comisión de Cultura, Deporte y Turismo.
d) La Comisión de Evaluación Documental.

3. Según el artículo 1 del RAGD, es objeto del presente reglamento regular el sistema de gestión documental del Parlamento de Navarra, así como definir la organización y el funcionamiento de:

a) La Biblioteca.
b) El Registro.
c) La Secretaría General.
d) El Archivo.

4. El conjunto de los documentos generados, conservados o reunidos en el curso del funcionamiento de la institución parlamentaria, constituye:

a) El Archivo del Parlamento de Navarra.
b) El patrimonio documental del Parlamento de Navarra.

c) La Biblioteca del Parlamento de Navarra.
d) El sistema de gestión documental del Parlamento de Navarra.

5. ¿Qué define el artículo 3 del RAGD como "toda expresión en lenguaje oral o escrito, natural o codificado, así como toda imagen gráfica o impresión sonora, recogida en un soporte material de cualquier tipo, con independencia de la tecnología utilizada para su generación, que constituya un testimonio de las actividades y funciones del Parlamento de Navarra"?

a) El expediente.
b) El archivo.
c) El registro.
d) El documento.

6. ¿Qué define el artículo 4 del RAGD como "el conjunto orgánico de documentos, cualquiera que sea su forma o su soporte material, producidos o recibidos por los órganos del Parlamento conservados mediante la aplicación de metodología archivística, garantizando su fiabilidad, autenticidad, integridad y usabilidad"?

a) El patrimonio documental.
b) El Archivo.
c) El registro.
d) El expediente.

7. Corresponde el establecimiento de los criterios técnicos del tratamiento de la documentación depositada en los archivos de gestión del Parlamento de Navarra:

a) A la Mesa del Parlamento.
b) Al Letrado Mayor.
c) Al Archivo del Parlamento.
d) A la Comisión de Evaluación Documental.

8. Engloba el conjunto de operaciones y técnicas integradas en la gestión administrativa general basadas en el análisis de la producción, la tramitación y los valores de los documentos y que se destinan a la planificación, el control, el uso, la conservación y la eliminación de estos, con la finalidad de facilitar el acceso a la información y documentación del Parlamento de Navarra. Siguiendo el artículo 6 del RAGD, nos estamos refiriendo:

a) Al Archivo del Parlamento de Navarra.
b) Al patrimonio documental del Parlamento de Navarra.
c) Al Modelo de Gestión del Documento Electrónico.
d) Al sistema de gestión documental del Parlamento de Navarra.

9. ¿Qué órgano aprueba la política de gestión de documentos electrónicos del Parlamento de Navarra?

a) La Mesa del Parlamento.
b) La Secretaría General.
c) El Letrado Mayor.
d) El Archivero Bibliotecario.

10. Según el artículo 9 del RAGD, son herramientas con propósitos específicos en las que se apoyan los diferentes procesos de gestión documental para conseguir su desarrollo e implantación en el Parlamento de Navarra a través del Modelo de Gestión del Documento Electrónico (MGDE):

a) Los instrumentos archivísticos.
b) Las series documentales.
c) Los ficheros de datos automatizados.
d) Los Esquemas de Seguridad e Interoperabilidad.

11. Instrumento que señala para cada serie documental del Parlamento de Navarra los periodos de conservación y los plazos de accesibilidad, identificando la documentación que se tiene que conservar permanentemente y la que se tiene que eliminar total o parcialmente:

a) Calendario de Conservación y Acceso.
b) Cuadro de Clasificación.
c) Tablas de Valoración Documental.
d) Catálogo de Tipologías documentales.

12. Señala la respuesta incorrecta. El Vocabulario de Metadatos del Parlamento de Navarra:

a) Refleja los metadatos que deben incorporarse a los documentos, expedientes y firmas.
b) Facilita la recuperación, la consulta, la transferencia, la valoración y el acceso a la documentación del Parlamento de Navarra.
c) Garantiza la interoperabilidad entre los sistemas y promueve el reaprovechamiento de documentos en más de un proceso o trámite.
d) Permite identificar con claridad las diversas tipologías que componen los expedientes del Parlamento de Navarra.

13. El Catálogo de Formatos documentales:

a) Regula y determina las tipologías que componen expedientes y series documentales, así como su uso como metadato, que permite realizar búsquedas por tipo documental y aplicar procesos automatizados para actuar sobre estos documentos.

b) Es el instrumento encargado de establecer un criterio uniforme para la clasificación y la organización de los documentos del Parlamento de Navarra bajo una serie de criterios funcionales.

c) Permite el control de las tipologías de unidades de instalación que componen el Archivo.

d) Establece los formatos aceptados y normalizados tanto en la tramitación como en la conservación de los documentos electrónicos.

14. Describe todas las series documentales, debidamente clasificadas y ordenadas, y contiene los siguientes elementos: signatura (con indicación del tipo de unidad y del número), descripción del contenido, clave de la serie, años extremos de la documentación incluida y dígitos del Cuadro de Clasificación:

a) El Inventario General.
b) El Catálogo General.
c) El registro topográfico.
d) El Cuadro de Clasificación.

15. Conforme al artículo 4 del RAGD, ¿cuáles de los documentos siguientes forman parte del Archivo del Parlamento de Navarra?

a) Los documentos que, sin estar específicamente regulados, sirven como elementos de información y conocimiento.
b) Los ficheros de datos automatizados.
c) Los documentos digitalizados para su conservación, acceso y difusión, en su caso.
d) Todas las anteriores son correctas.

Solución al test n.º 19

1. c) En 5.

2. a) La Mesa del Parlamento.

3. d) El Archivo.

4. b) El patrimonio documental del Parlamento de Navarra.

5. d) El documento.

6. b) El Archivo.

7. c) Al Archivo del Parlamento.

8. d) Al sistema de gestión documental del Parlamento de Navarra.

9. b) La Secretaría General.

10. a) Los instrumentos archivísticos.

11. c) Tablas de Valoración Documental.

12. d) Permite identificar con claridad las diversas tipologías que componen los expedientes del Parlamento de Navarra.

13. d) Establece los formatos aceptados y normalizados tanto en la tramitación como en la conservación de los documentos electrónicos.

14. a) El Inventario General.

15. d) Todas las anteriores son correctas.

TEST N.º 20

Reglamento de funcionamiento de la Administración Electrónica del Parlamento de Navarra. En concreto los siguientes apartados: Título I: Disposiciones generales. Título II: Sede electrónica del Parlamento de Navarra. Título III: Registro electrónico

1. ¿En cuántos títulos se estructura el articulado del vigente Reglamento de Funcionamiento de la Administración Electrónica del Parlamento de Navarra (RFAE)?

a) En 2.
b) En 4.
c) En 6.
d) En 9.

2. ¿Qué título del RFAE regula el Registro Electrónico?

a) Título II.
b) Título III.
c) Título IV.
d) Título V.

3. ¿En qué ámbito se aplica el Reglamento de Funcionamiento de la Administración Electrónica del Parlamento de Navarra?

a) Únicamente en el ámbito de la actividad parlamentaria.
b) Únicamente en el ámbito de la actividad administrativa.
c) Únicamente en el ámbito de las relaciones con las Administraciones Públicas.
d) En el ámbito de la actividad parlamentaria y administrativa.

4. ¿En virtud de qué principio general el Parlamento de Navarra solo debe exigir las medidas adecuadas a la naturaleza y circunstancias de los distintos trámites y actuaciones evitando que la garantía de la seguridad de las transacciones dificulte el acceso electrónico a la institución?

a) Del principio de proporcionalidad.
b) Del principio de simplificación.

c) Del principio de impulso de medios electrónicos en relación con los sujetos no obligados.

d) Del principio de trazabilidad.

5. ¿En virtud de qué principio el Parlamento de Navarra es responsable de garantizar el conocimiento a los ciudadanos de la manera como el Parlamento ejerce sus funciones e invierte sus recursos?

a) Del principio de trazabilidad.

b) Del principio de intermodalidad de medios.

c) Del principio de transparencia.

d) Del principio de responsabilidad.

6. ¿En virtud de qué principio el Parlamento de Navarra vela por el diseño y la adopción de sistemas y aplicaciones de las relaciones electrónicas entre la Cámara y los ciudadanos conforme a las especificaciones del Esquema Nacional de Seguridad (ENS)?

a) Del principio de trazabilidad.

b) Del principio de intermodalidad de medios.

c) Del principio de calidad de la información y los servicios electrónicos.

d) Del principio de responsabilidad.

7. En virtud del principio de neutralidad tecnológica:

a) La aplicación de técnicas de gestión documental debe permitir conservar los documentos y garantizar su integridad e interoperabilidad, así como la trazabilidad de las actuaciones y la autenticación del ejercicio de la competencia.

b) La evolución de las tecnologías de la información determinará la elección por la Cámara, de los medios electrónicos que posibiliten la realización de las actuaciones y procedimientos previstos en el RFAE.

c) El Parlamento debe velar por el diseño y la adopción de sistemas y aplicaciones de las relaciones electrónicas entre la Cámara y los ciudadanos conforme a las especificaciones del Esquema Nacional de Seguridad (ENS).

d) El Parlamento solo debe exigir las medidas adecuadas a la naturaleza y circunstancias de los distintos trámites y actuaciones evitando que la garantía de la seguridad de las transacciones dificulte el acceso electrónico a la institución.

8. NO es cierto, según el artículo 4 del RFAE que estén obligados a relacionarse de forma telemática con la Administración parlamentaria:

a) El personal al servicio del Parlamento de Navarra.

b) Los parlamentarios y los grupos parlamentarios.

c) El personal al servicio de los parlamentarios y grupos, cualquiera que sea su forma de designación.

d) Las personas físicas que se comunican con cualquiera de los servicios del Parlamento de Navarra.

9. Es la dirección electrónica donde se publicarán los servicios electrónicos y la información del Parlamento de Navarra que requiera especiales garantías de seguridad, calidad y responsabilidad:

a) La sede electrónica.
b) El portal de internet.
c) La carpeta electrónica.
d) El canal de internet.

10. Según el artículo 6.2 del RFAE, ¿qué órgano es el responsable de gestionar los contenidos y los servicios puestos a disposición de la ciudadanía en la sede electrónica del Parlamento de Navarra?

a) La Mesa del Parlamento.
b) La Secretaría General.
c) Los Servicios Jurídicos.
d) El Servicio de Informática, Sistemas Audiovisuales y Tecnología.

11. ¿Cuál de los siguientes contenidos de la sede electrónica del Parlamento de Navarra se considera accesorio?

a) Fecha y hora oficiales.
b) Acceso al Registro electrónico.
c) Sistema de verificación del certificado de la sede electrónica.
d) Sistema de verificación de los certificados de sellos electrónicos empleados en la sede electrónica.

12. En relación con la sede electrónica del Parlamento de Navarra NO es cierto que:

a) La titularidad de la sede electrónica corresponde a la Secretaría General.
b) En la sede electrónica del Parlamento de Navarra se garantizará el acceso a los contenidos y servicios en castellano y euskera.
c) La sede electrónica del Parlamento de Navarra será única para todos los órganos que la integran.
d) Se realizarán a través de la sede electrónica del Parlamento de Navarra todas las actuaciones, procedimientos y servicios que requieran mecanismos de autenticación de los ciudadanos, de otras instituciones o del Parlamento de Navarra en sus relaciones con estos por medios electrónicos.

13. ¿Cuál de los siguientes contenidos de la sede electrónica del Parlamento de Navarra se considera accesorio?

a) Acceso al estado de tramitación de los expedientes.
b) Catálogo de trámites y servicios disponibles en la sede.

c) Relación de datos y documentos que pueden consultarse a través del servicio de datos.

d) Buzón de quejas y sugerencias.

14. ¿Cuál de los siguientes contenidos de la sede electrónica se considera principal?

a) Formatos admitidos para la presentación de documentos electrónicos en el registro electrónico.

b) Identificación de los canales de acceso a los servicios disponibles en la sede y, en su caso, de los correos electrónicos, teléfonos, faxes y direcciones postales de las oficinas a través de las cuales acceder a los servicios.

c) Política de firma electrónica y otras normativas de desarrollo del RFAE.

d) Convenios que celebre el Parlamento de Navarra con otras administraciones para el reconocimiento de registros electrónicos y de servicios de administración electrónica y para el intercambio de datos.

15. Según indica el artículo 8 del RFAE, la información, los servicios y los procedimientos electrónicos ofrecidos a través de la sede electrónica respetarán los principios de accesibilidad, igualdad y:

a) Eficacia.
b) Universalidad.
c) Usabilidad.
d) Gratuidad.

16. Según el artículo 7 del RFAE, el Tablón electrónico de anuncios se considera un contenido:

a) Principal.
b) Accesorio.
c) Prescindible.
d) Restringido.

17. En relación con el Registro Electrónico del Parlamento de Navarra, es cierto que:

a) Todas las personas que se comuniquen con el Parlamento de Navarra estarán obligadas a presentar sus escritos de forma electrónica.

b) El Registro Electrónico es el único instrumento de recepción y remisión de documentos.

c) Los procedimientos y actuaciones relativos al Registro Electrónico estarán disponibles para su consulta en la sede electrónica de la Administración de la Comunidad Foral.

d) En documentos remitidos por fax o por correo electrónico no será necesario acreditar la autenticidad o la identidad de los remitentes.

18. Según el artículo 11.1, ¿cuál es el órgano responsable de la gestión del Registro electrónico?

a) El Servicio de Archivo.
b) El Servicio de Informática, Sistemas Audiovisuales y Tecnología.
c) La Mesa del Parlamento.
d) La Sección de Gestión Parlamentaria.

19. El registro electrónico del Parlamento de Navarra permitirá la presentación de documentos:

a) Los días hábiles en horario laboral.
b) Todos los días del año, en horario laboral.
c) Los días hábiles, durante las veinticuatro horas.
d) Todos los días del año durante las veinticuatro horas.

20. Según el artículo 12.6 del RFAE, la presentación de los documentos de índole parlamentaria en el Registro electrónico:

a) Únicamente podrá realizarse dentro del horario oficial del Registro General del Parlamento de Navarra habilitado por la Mesa de la Cámara, conforme a lo dispuesto en el Reglamento del Parlamento de Navarra.
b) Podrá realizarse durante las veinticuatro horas de cualquier día hábil.
c) Podrá realizarse cualquier día del año en horario de 9 a 14 horas.
d) Podrá realizarse todos los días del año durante las veinticuatro horas.

Solución al test n.º 20

1. c) En 6.

2. b) Título III.

3. d) En el ámbito de la actividad parlamentaria y administrativa.

4. a) Del principio de proporcionalidad.

5. c) Del principio de transparencia.

6. a) Del principio de trazabilidad.

7. b) La evolución de las tecnologías de la información determinará la elección por la Cámara, de los medios electrónicos que posibiliten la realización de las actuaciones y procedimientos previstos en el RFAE.

8. d) Las personas físicas que se comunican con cualquiera de los servicios del Parlamento de Navarra.

9. a) La sede electrónica.

10. b) La Secretaría General.

11. d) Sistema de verificación de los certificados de sellos electrónicos empleados en la sede electrónica.

12. a) La titularidad de la sede electrónica corresponde a la Secretaría General.

13. c) Relación de datos y documentos que pueden consultarse a través del servicio de datos.

14. b) Identificación de los canales de acceso a los servicios disponibles en la sede y, en su caso, de los correos electrónicos, teléfonos, faxes y direcciones postales de las oficinas a través de las cuales acceder a los servicios.

15. c) Usabilidad.

16. a) Principal.

17. b) El Registro Electrónico es el único instrumento de recepción y remisión de documentos.

18. d) La Sección de Gestión Parlamentaria.

19. d) Todos los días del año durante las veinticuatro horas.

20. a) Únicamente podrá realizarse dentro del horario oficial del Registro General del Parlamento de Navarra habilitado por la Mesa de la Cámara, conforme a lo dispuesto en el Reglamento del Parlamento de Navarra.

Cómo acceder al Curso

Ujier
Test del temario

El uso de los códigos **es exclusivo de los compradores de los productos de Editorial MAD**. Cada producto posee un código único y de un solo uso. Es personal e intransferible y da acceso a servicios y contenidos adicionales. Editorial MAD se reserva el derecho de hacer cuantas comprobaciones sean necesarias para identificar al legítimo poseedor del código y dejar de dar servicio a quien haga uso fraudulento del mismo, además de emprender cuantas acciones legales estime oportunas según la legislación vigente.

Deberás acceder a:

mad.es/registro-campus

Si una vez aceptadas las condiciones de uso del Campus decides hacer uso del mismo, necesitarás del siguiente código de acceso junto con los códigos del resto de títulos que se exigen (si fuera el caso):

R6QTUKHWLG